中央高校基本科研业务费专项资金资助
南京大学文科双一流专项资金资助

情感与制度

魏晋时代的母子关系

郑雅如 著

心史文丛

孙江 主编

论究学术 阐求真理 昌明国粹 融化新知

凤凰出版社

目　录

自　序

本书从丧服礼制的规范与实践、母子于生活中的互动实态、文化理念对母职典范的形塑等多重面向，考察魏晋时期的母子关系。

魏晋以降，儒教家族理念正逐步与礼律制度结合，规范母子关系与建构父系家族二者息息相关。依据礼制，“父至尊”的原则强力主宰母子人伦，然而“母至亲”的诉求在现实中亦引发热烈回响；母子情感与父系制度之间存在微妙复杂的交互依存与抗衡。

魏晋时期孝子为母服丧的礼制变革，凸显“母以子贵”“母子至亲”对父系原则可能带来冲击；亲生母子在家庭、社会的地位处境，往往一体相连、荣辱与共，异母兄弟倾向各自以母亲为核心凝聚情感认同；在一妻多妾家庭中，经由不同条件而建立的母子关系，在互动经验上往往存在明显差异，反映生活实态与人心情感无法完全服膺制度的要求。母职犹如一把双刃之剑，既是父系家族延续的保证，同时也改变女性自身处境，甚至回头挑战父系制度对母职的控制。

然而，母职经验对父系制度的挑战，即使在里应外合的情况下，也大多只能达成架构内的局部修正。东晋于氏从育子经验出发，争取依据母职实践来认定母子关系，超逸出父系制度以父亲为中心界定亲子关系的根本原则，奋力挑战仍旧功败垂成。于氏的遭遇反映与父系中心价值严重冲突的女性经验，往往受到漠视与压抑，在体制规范中四处碰壁，无法获得理解与支持。

时代框架如何影响人们的生存处境，人们又可能如何与制度共谋、协商，挪用、挑战制度来改变现状，是我一直深感兴趣的课题。本书前身是我的硕士论文,选入台大文史丛刊,2001 年出版。回首前尘,原本并没有继续攻读博士学位的打算,抱着"也许这是自己唯一学术成果"的心情投入研究。许多个夜晚,于氏以及众多在体制中遭受压抑扭曲、不被理解的人们,在我脑海盘旋不去;自问是否有足够的能力,最大程度地描绘他们身处的时代情境、尽可能还原生命个体的主体性?没有肯定的答案,只能尽力去做。这一页历史,越过千百年的时空距离,于氏及众多女性的生命经验仍在等待倾听与理解。

本书的完成,最要感谢指导我撰写论文的李贞德老师,在写作过程中,时时提点方向,不厌其烦批阅初稿,带着我逐渐领会学术研究的方法与乐趣。此次简体字版发行,仅修订原书若干文句、错字及标点,其余未做更动。感谢编辑张永堃先生居中联络协调、本书责任编辑李霏女士细心校订文稿。李霏女士近日喜获麟儿、成为母亲,谨致上最衷心的祝贺。

郑雅如序于台北南港

2020 年 12 月 22 日

第一章　绪论:从东晋于氏上表谈起

第一节　楔子——于氏的故事

现存史传记载中,女性上表向朝廷陈情的例子并不多见,较为人熟知的,仅有西汉淳于意之女缇萦,①以及明朝杨继盛之妻张氏。②前者为了赎父罪刑,后者则欲救夫性命。而为了女性本人的困境上表发言者,就现存史料来看,东晋于氏当为第一人。让我们从于氏的故事说起。③

> 妾(于氏)昔初奉醮归于贺氏,胤嗣不殖,母兄群从以妾犯七出,数告贺氏求妾还。妾姑薄氏过见矜愍,无子归之天命,婚姻之好,义无绝离,故使夫乔,多立侧媵。乔仲兄群哀妾之身,恕妾之志,数谓亲属曰:"于新妇不幸无子,若群陶新妇生前男,以后当以一子与之。"陶氏既产澄、馥二男,其后子辉在孕,群即白薄:

---

① 见《史记》卷一〇五《扁鹊仓公列传》,北京:中华书局,1992年,页2795。
② 见《明史》卷二〇九《杨继盛列传》,北京:中华书局,1991年,页5541—5542。
③ 于氏的上表及时人之评议,皆辑录于杜佑的《通典》;见杜佑撰,王文锦等点校:《通典》卷六九《礼典二十九》"养兄弟子为后后自生子议"条,北京:中华书局,1988年,页1907—1913。

“若所育是男,以乞新妇。”妾敬诺拜赐,先为衣服,以待其生。辉生之日,洗浴断脐,妾即取还,服药下乳以乳之。陶氏时取孩抱,群恒诃止,婢使有言其本末者,群辄责之。诚欲使子一情以亲妾,而绝本恩于所生。辉百余日,无命不育,妾诚自悲伤,为之憔悴,姑长上下,益见矜怜。群续复以子率,重见镇抚,妾所以讫心尽力,皆如养辉,故率至于有识,不自知非妾之子也。率生过周,而乔妾张始生子纂,于时群尚平存,不以为疑。原薄及群以率赐妾之意,非唯以续乔之嗣,乃以存妾之身,妾所以得终奉烝尝于贺氏,缘守群信言也。率年六岁,纂年五岁,群始丧亡。其后言语漏泄,而率渐自嫌为非妾所生。率既长,与妾九族内外修姑姨之亲,而白谈者或以乔既有纂,其率不得久安为妾子,若不去,则是与为人后。去年,率即归还陶氏。乔时寝疾,曰:“吾母、兄平生之日所共议也,陌上游谈之士,遽能深明礼情?当与公私共论正之。”寻遂丧亡。率既年小,未究大义,动于游言,无以自处。妾亦妇人,不达典仪,唯以闻于先姑,谓妾养率以为己子,非所谓人后也。妾受命不夭,婴此茕独,少讫心力,老而见弃,曾无螟蠃式谷之报,妇人之情,能无怨结?①

时间是在东晋成帝咸和五年(330),一位妇女向朝廷上表陈情,她是已故散骑侍郎贺乔之妻于氏。于氏嫁给贺乔为妻,一直没有生育子息,于氏本家以于氏无子为理由,请求贺家遣还于氏。但贺乔的母亲薄氏站在家族的立场,认为婚姻合二姓之好,不可解除,不答应于氏本家之请,而令贺乔以纳妾的方式来解决无子的问题。二伯贺群同情于氏无子,将其妻陶氏新生之男婴给于氏抚养,不幸百日夭折。后来陶氏又生一子,贺群续将新生儿给予于氏,名为贺率。于氏养育贺

① 《通典》卷六九《礼典二十九》“养兄弟子为后后自生子议”条,页1907—1908。

率，“推燥居湿，分肌损气，二十余年，已至成人”。① 但另一方面，贺乔之妾张氏，顺利地完成为家庭诞育子嗣的任务，产下一子，名贺纂。贺乔既有了亲生骨血，贺率是否可为于氏之子便引起了质疑，争议多年，在于氏上表的前一年，贺率归还其生母陶氏。于氏养育贺率二十余年，“少讫心力，老而见弃”，“妇人之情，能无怨结”，故上表向朝廷陈情，自述养育贺率之始末。

在表文中于氏除了自述陈情缘由，并针对贺率的身份是“为人后”的说法，“备论其所不解六条，其所疑十事”进行反驳，从自己担任母亲之职、养育贺率的经验出发，认为贺率应该是自己的儿子。朝廷将于氏所陈，交付群臣讨论。四位发表意见的朝臣，只有博士杜瑗站在同情于氏的立场，认为养育之情不可抹杀，贺率应为于氏之子；其余以尚书张闿为首的朝臣，皆从父系继嗣制度的角度评论此事，认为于氏养贺率是为贺乔之后嗣，贺乔既有亲生血胤，则贺率当还本，即主张以贺乔为主体来判定亲属关系，完全忽视于氏为母的经验事实。最后，事件依旧以贺率归还本生定案。

于氏上表的经过与内容，在现存史料中，仅见于《通典·礼典》，杜佑辑录这篇上表以及时人的议论，题名为“养兄弟子为后后自生子议”。由此可见，后世男性史家对这个母亲争取养子为己子的事件，是站在父系继嗣制度的立场拍板定案的。于氏力辩“养率以为己子，非所谓人后也”，以女性自己为母的经验来认定母子关系，逸出了父系继嗣制度的规范，而被制度的维护者斥责“博引非类之物为喻”，② 凸显了在女性经验与父系制度冲突的情况下，女性的情感与经验受到严重的忽视、扭曲。从东晋至现代，一千六百多年来，于氏与贺率的关系，一直以于氏最不愿接受的角度被后人诠释。在二十一世纪

① 《通典》卷六九《礼典二十九》“养兄弟子为后后自生子议”条，页1910。

② 见尚书张闿议，《通典》卷六九《礼典二十九》“养兄弟子为后后自生子议”条，页1913。

的今日,我们是否已有“能力”,从于氏的角度理解她的声嘶力辩?女性“无子”的文化压力是否依然存在?社会对母职的看法是否依然充满父权观念?值得我们深思。

于氏的表文中,一共出现了四位母亲,依出现的先后次序,分别是于氏(贺辉、贺率的养母,贺纂的嫡母)、薄氏(贺群、贺乔兄弟的母亲)、陶氏(贺辉、贺率的生母)、张氏(贺纂的生母)。从故事所见,这四位母亲在同一家族中的地位和处境显然很不一样。

在于氏的表文中,我们看到贺群、贺乔的母亲薄氏作为母亲所享有的威严和权力,其地位俨然如贺家的女家长,在许多家族事务的决策上,拥有最高的决定权。于氏无子不孕,承受庞大的家族压力;养育贺率为子,又因为无法在父系继嗣制度中找到依据,而终不被承认;但于氏身为贺乔的妻子,又得以依据礼法自动拥有母亲身份,成为贺纂的嫡母。于氏与贺率母子关系的解除,于氏与贺纂母子关系的成立,在父系制度下,皆不是于氏所能自主。贺辉、贺率的生母陶氏,在丈夫做主的情况下,被迫连续与所生二子割断亲恩,扮演宛如生育工具的角色;夫亡后,陶氏终究又依恃父系家族的礼法夺回亲子。贺纂的生母张氏,为妾的身份低贱,在家内必须敬事嫡妻,但由于于氏无子,贺纂成为贺乔的嗣子,继承门户,张氏有可能母以子贵,提高在家内的地位。这四位母亲中,陶氏为贺率的生母,于氏为贺率的养母,一生一养,两人皆自认是贺率的母亲,彼此有争夺贺率为子的冲突。对于于氏、陶氏两人的母职经验,有必要更详细地讨论。

于氏虽然不能生育自己的骨肉,但仍足以担任养育的母职。二伯贺群承诺将自己的儿子给于氏抚养,在陶氏怀胎期间,于氏就开始准备做母亲,先将婴儿的小衣准备妥当,一心等待胎儿出生。陶氏生下男婴贺辉,洗浴断脐后,贺辉就被抱到于氏这边抚养。于氏“服药下乳”,亲自哺乳贺辉;除了怀胎十月以外,于氏完全承担了母亲应当担任的母职。但是贺辉却百日早夭,于氏养育自己子嗣的希望再次破灭。贺家上下同情于氏,贺群后来又将陶氏所生的贺率交给于氏抚养。于氏养育贺率，一如养育贺辉般的慎重尽心，做足了身体上、物质上的准备，希望能让贺率在“未有识”的情况下，自然建立起与于氏的母子亲情，将于氏当作亲生母亲。于氏以母亲的心情、母亲的行动、母亲的身份养育贺率，于氏是贺率的母亲，就于氏的母职经验而言，实为理所当然。

于氏抚养贺率不过一年，贺乔之妾张氏就生了儿子贺纂。为人妾在嫡妻不孕的情况下为家庭诞育一子，对张氏这位母亲而言，无疑是幸运的；而对于氏来说，虽因为嫡妻的身份自动成为贺纂的嫡母，但张氏的生子有成，恰好凸显自己肚子“不争气”的事实，养育贺率对于氏而言，可能更成为一种寄托和慰藉。据于氏的自述，贺纂出生后，在贺群的维护下，于氏养育贺率为子并没有引起争议，所以于氏仍以贺率为己子抚养，贺纂则可能由生母张氏照料。所以虽然就嫡庶制度而言，于氏是贺纂的嫡母，但从于氏的母职经验来看，贺率才是于氏亲手拉拔长大的儿子。

贺群一再将自己的儿子送给于氏抚养，并且禁止婢女说东道西，也不让陶氏抱取自己所生的婴孩。贺群的行为，于氏固然恩感五内，但另一位母亲——孩子的生母陶氏，又是怎样的感受？陶氏是否愿意割断亲恩，让孩子认他人为母？于氏表中并未提到陶氏个人的意见，但从“陶氏时取孩抱”的行为，及尚书张闿议曰“贺乔妻于氏表，与群妻陶辞所称不同”，①可推测陶氏对自己亲生的儿子亲情难断。然而在姑认可、夫做主的情况下，陶氏的意见似乎是被忽略的。为了了解陶氏可能的想法和心情，我们试着推想一下陶氏的母职经验。

贺辉与贺率皆是一出生就被带离陶氏身边，因此陶氏仅担任了生育的母职。试推想，婴孩在出生之前，在母亲体内孕育数月，其间，母亲与腹中骨肉一体相连，以自己的血肉哺育胎儿成长，为母的甜蜜与辛苦、母子在怀孕期间产生的亲密联系，实非他人所能了解。妇人

① 《通典》卷六九《礼典二十九》“养兄弟子为后后自生子议”条，页1913。

从怀孕开始,就已经成为母亲,扮演母职,而男子往往在胎儿出生后,才逐渐有了当父亲的感受。因此母亲与婴儿的感情,极可能和父亲与婴儿大不相同。贺辉与贺率一出生,就在贺群的决定下被抱走,贺群之能舍与陶氏之不舍,或可由彼此的父职、母职经验推想而知。

对比于氏的"胤嗣不殖",陶氏则频频生子;但相同的是,两人的生育能力皆受父权制度控制。于氏的无子,不见容于父系家族对妇职的期望,为此,于氏承受危及婚姻的压力及丈夫纳妾的难堪,在夫家孤零无依。陶氏频频生育儿子,圆满完成"广继嗣"的职责。然而自己的身体和生育能力却在丈夫的意志下,变成生育工具。陶氏连续两个怀胎十月所生的儿子,甫出生就被带离身边,在丈夫的威权下,被迫割断母子亲情。陶氏对儿子的情感不断受到丈夫的压抑,儿子虽是陶氏所生,陶氏却完全无法维护她做母亲的权利。

于氏养育贺率,推燥居湿二十余年,贺率为于氏之子,就于氏而言,固属理所当然,但依据父系继嗣制度,贺乔与贺率的人伦关系如何定位才是判定贺率身份的关键,因此我们必须讨论贺乔在此事件中的角色。于氏自叙养子的经过,显示于氏养贺群之子,主要获得了贺群的支持,且取得姑薄氏的同意,然而于氏的丈夫贺乔在这个过程中的态度和扮演的角色,于氏却几乎只字未提,这是一个十分奇特的地方。妇人在父系礼法的规范中必须"出嫁从夫",贺乔身为于氏的丈夫,对于氏能否抚养自己兄弟的小孩,应该具有决定的权力。于氏没有明确地写出贺乔的意见,为自己的处境辩护,或许贺乔的意见对于氏不一定有利,这是一个无法证实的关键。试推想贺乔对此事件的态度,也许贺乔在尚未有子嗣的情况下,并不反对于氏抚养二兄之子作为自己的嗣子,但是当妾张氏生育了自己的亲子之后,贺乔如何界定于氏所抚养的贺率与自己的关系?于氏养贺率不过一年,贺纂即诞生,对贺乔而言,纂是与他有血缘的亲骨肉,而率既非他亲生,抚育幼儿又是母亲的职责,贺乔与贺率的感情可能并不深厚。据于氏引述,贺乔在临亡之前对贺率的事有所交代,但其言仍然没有明确表示贺乔是否将贺率认作己子。或许贺乔是有意模糊自己的立场:基于与妻子的情分,不能明白主张去率,而又私心于己子贺纂,不愿承认贺率的身份为嫡长。在父权家族中,贺乔身为人夫、人父,暧昧不明的态度,或许是于氏终究失去贺率的关键,如果贺乔以家父长的身份,明确地向族人表示贺率为己子,就像贺群当初尽力维护于氏与贺率一般,也许于氏与贺率的母子关系便能够维持;但是,贺乔显然没有这么做。

于氏身为女性,出嫁从夫,婚姻转变了她的生活空间和生命经验,广继嗣,是为人妇重要的职责,于氏不幸无子,有亏妇职。无子的难堪,第一便是“出妻”的威胁,即使不被出,或是失却翁姑疼爱,或是影响夫妻情感,或是面对妻妾之争,人生的前景总是蒙上一层阴影。对于氏个人而言,得以抚养贺率也许是她生命最大的寄托与安慰。然而在母子相依二十余年后,仍因“(贺)乔既有(贺)纂……(贺率)若不去则是与为人后”,于氏自婴幼抚养至成人的儿子终被夺去。于氏的丈夫不为自己伸志,让于氏有苦难言;夫殁后,于氏养育二十余年的儿子又被认定不是于氏之子;于氏的陈情不被朝廷接受,其上表又被后世男性史家题为“养兄弟子为后后自生子议”,以贺乔为主体来定论此事。夫已亡,养育成人的儿子又被迫脱离母子关系,“少讫心力,老而见弃”,于氏的处境,实在堪怜。

于氏故事中四位母亲的处境,呈现女性为父系家族承担生养子嗣的重责大任时,可能面对的种种情境和人伦关系。在文化压力下,成为母亲,应是古代中国妇女普遍的愿望,而生男、生贵男,更是母亲最大的期望。原来是自然的生物繁衍行为,却在文化制度、观念中,构筑成复杂的人伦关系。传统中国父系家族,如何认定母子关系?有何性别文化意义?对母亲而言,谁可为子?对儿子而言,谁是母亲?母亲与儿子的情感互动有何特色、如何联系?历史书写如何描述母职、塑造理想的母亲形象?母子关系对于女性在父系家族中的处境有何影响?女性自己的为母经验又是如何牵动父系家族?都是值得讨论的问题。

于氏的表文呈现不同世代、身份的母亲围绕在母子关系下的不同处境,引发笔者研究魏晋时期母子关系的动机,而父系礼制与母子的情感经验对母子关系的形塑,以及三者的交融与冲突,更引起笔者的好奇。本书即以魏晋时期的母子关系为主题,以“制度”与“情感”这两个面向为主轴,分析父系礼制如何定位母名及母子关系;魏晋时期孝子为母亲的服丧,如何修正父系礼制对母子关系的限制,礼制在落实的过程中又是如何发展变化的;一妻多妾家庭中,各种母亲与子的认同如何建立,母子荣辱与共的现象对母子关系有何影响;历史书写塑造何种样貌的母子人伦,文化价值如何影响母子之间的互动;最后,综合魏晋时期母子关系在制度与实态的相辅与冲突,讨论母职对父系家族的贡献与威胁,借由于氏据礼(理)抗争的例子,揭露女性自身的母职经验对女性的特殊意义,并可能如何引发对父系制度的挑战。

第二节　研究范围与概念界定

在此,需要先界定本书的研究范围,以及几个关键名词的使用定义。

首先,在时代断限上,本书以魏晋时期为主要讨论范围;仅在第二章因为以先秦以来的丧服制度作为基础,讨论父系观点下的母子关系,故未凸显魏晋的时代特色。

魏晋时期是门阀士族掌权的时代,个人寄身于家族门第而非王朝,对于家族人伦的维护尤其关注,士族特别强调透过礼制来安定人伦秩序,行为与礼制能否应合受到重视。另外,玄学家提倡“称情直往”的士风亦冲击到传统礼法,学者曾指出“缘情入礼”是魏晋礼学发展的趋势,因应时代课题,魏晋礼学发展蓬勃,通过礼制的革新来消弭情礼之间的冲突。① 魏晋时期留下大量的议礼材料,其中相当多的数量集中于讨论如何实践丧服制度,而各种人伦关系的丧服议礼,又以孝子为母亲服丧争议最多。魏晋时期,儿子如何为母亲服丧的争执频繁,显示现实中的母子人伦与父系礼制规范有难以对应的落差。由于材料集中与时代表现的特色,因此笔者选择以魏晋时期作为研究的主要时代。

本书虽以魏晋时期为主,但考量历史的延续性、伦理生活在长时间变化缓慢的特质,以及史传资料关于母子之间的生活记载十分有限等因素,部分讨论有时必须上溯两汉、下及南朝,少数议题一并运用到北朝的史料。

其次,解释几个在本书经常出现的名词用法。本书所指的"父系制度"有广、狭二义。狭义的解释是指具有巩固父系家族及社会的作用并有明确固定的规范及运作机制的制度,例如传统中国的丧服制度、婚姻制度、继嗣制度等。广义的解释,指文化生活中各种以男性为主体的价值取向,但缺乏明确固定的规范,实践上的变化与弹性亦较大,而影响层面可能更广泛。本书所指的"母子情感",泛指母子于实际生活中互动的经验以及培养的感情。

"母子情感"与"父系制度"具有互相强化与破坏的两面关系。一方面,母子的情感经验形成于"父系制度"的环境中,在许多方面往往发展成为符合父系文化所期望的母子关系,更进一步对父系家族、社会的巩固有所贡献;另一方面,母子的情感经验,又有其自发生成的特性,"父系制度"难以完全掌控,可能会出现挑战"父系制度"的情形。于氏出于养育的母职经验与情感,认定贺率为己子,不受"父系制度"的制约,即为明显的例证。"母子情感"与"父系制度"的应合与冲突,正是本书讨论"母子关系"的主要脉络。

① 余英时:《名教危机与魏晋士风的演变》,载《中国知识阶层史论》,台北:联经出版事业公司,1980 年,页 358—367。

再次,本书所指的"母子关系",主要有三个不同层次及涵盖范围的指涉:一是指生物的性别划分上,一女一男,二者的人际关系为"母子",或称为"母子名分";二是指"母子名分"下,彼此相应的行为分际,此含义包括"名分"与相应的"行为",或称为"母子人伦";三是指"母子名分"下,相关的行为互动可能产生的情感、权力、利益、冲突等状态,涵盖所有与"母子名分"相关的现象,是"母子关系"最广义的解释。在一妻多妾的父系家族中,母子名分有多种组合,母子人伦在不同组合中也有不同的特征。多元的母子名分与多样的母子人伦,在文化制度、家族社会、情感经验中交织的各种不同母子关系,是本书所关注的另一焦点。

第三节　研究回顾与检讨

自二十世纪八十年代以来,中国妇女史研究逐渐蓬勃开展。从研究成果来看,举凡贞节观念、女主政治、妇女与婚姻、妇女与文学、妇女与宗教、女权思想与运动等研究,皆有显著进展。① 但关于"母

---

① 台湾的中国妇女史研究成果,请参考李贞德:《超越父系家族的藩篱——台湾地区"中国妇女史研究"(1945—1995)》(《新史学》7:2,1996,页 139—179)。"妇女与宗教"的研究成果,见李贞德:《最近中国宗教史研究中的女性问题》(《近代中国妇女史研究》2,1994,页 251—270)。大陆地区的中国妇女史研究回顾,请参考臧健:《中国大陆近年中国妇女史研究之概况》(《近代中国妇女史研究》3,1995,页 237—248)。杜芳琴:《七十年国内妇女史研究综述(1919—1989)》(《发现妇女的历史——中国妇女史论集》,天津:天津社会科学院出版社,1996 年,页 187—209)。相关英文著作回顾,请参考 Connie Orliski,"From the Sung to the PRC: An Introduction to Recent English Language Scholarship on Women in Chinese History"(《近代中国妇女史研究》3,1995,页 217—235)。Paul Ropp 著,梁其姿译:《明清妇女研究:评介最近有关之英文著作》(《新史学》4:2,1991,页 77—116)。

亲”，这个多数妇女在远古以来就扮演的角色，不论就研究数量还是研究取向来看，仍有许多值得发展的空间。目前的母职研究呈现点状的发展，这有两层含义：一是研究方式多为单一主题式的切入，例如研究母权、母教、理想的母亲形象、礼制中的母亲地位等，多为单一母职面向的讨论，缺乏整合性的研究；二是各主题的研究数量皆相当零星，除了研究中古时期妇女与“生育文化”的关系在最近几年取得较大的成果外，许多主题还不足以铺展成完整的全面讨论。① 这些现象都显示母职研究在学界还有待开发。

过去的母职研究可区分为制度取径及经验取径，而将两种取径的研究成果并列，往往看到的是矛盾的母职图像。杜正胜研究女性在父系家族中的角色，从丧服礼所规范的服纪来考察母亲的地位。杜正胜指出母亲在家庭中的地位受限于父系家族结构而相对低落，同时母亲并非单纯的血缘称谓，必须结合母亲与父亲的关系而界定。② 杜正胜另一篇母职研究采取个案研究的方式，考察春秋时期鲁季敬姜的事迹，指出封建时代家国一体，这样的家族结构使古典的慈母有如严君，维系家风于不坠。③ 制度取径的母职研究，我们仅看到制度架构下母亲地位的低落及母亲身份依附于父亲的不确定性，显现父系制度中母亲地位受到压抑。而个别母亲事迹的研究，又让

① 李贞德教授以汉唐之间为范围，针对妇女在生育文化中扮演的角色和处境，进行一系列相关的探讨，包括求子、怀孕、生产、堕胎、弃婴、杀婴以及乳母研究，将中古时期妇女与生育文化的关系做了相当完整的讨论。见氏著《汉隋之间的“生子不举”问题》(《史语所集刊》66:3,1995，页747—812)；《汉唐之间医书中的生产之道》(《史语所集刊》67:3,1996，页533—654)；《汉唐之间求子医方试探——兼论妇科滥觞与性别论述》(《史语所集刊》68:2,1997，页283—367)；《汉魏六朝的乳母》(《史语所集刊》70:2,1999，页439—481)。

② 杜正胜：《女性在父系家族中的角色》，载《古代社会与国家》，台北：允晨文化实业股份有限公司，1992年，页869—876。

③ 杜正胜：《古典的慈母鲁季敬姜》，载《历史月刊》4,1988，页114—121。

我们看到在现实生活中母亲尊严的展现,母亲训诲子侄,整饬闺门家风,在家族中占有举足轻重的地位。制度面与生活面的落差,显示单从一个面向讨论母职有所不足,如何结合两种研究取径,考察制度与现实的相互影响,是母职研究有待加强努力的方向。

以"母子关系"为主题的史学研究十分少见,但近年出现两篇佳作,无论是研究的角度还是提出的观点,对于母职研究皆相当具有启发性。熊秉真探讨明清家庭的母子关系,以大量的明清文集、传记、年谱为史料,将母子关系自其他人伦关系抽离出来讨论。熊氏指出在中国性别文化的制约下,一个男子一生中最熟悉,并且可以公开地、无所顾忌热爱的唯一女性往往是他的母亲;同样的,一个女子一生中可以毫无保留地付出情感,并要求他对自己忠诚、亲爱和感激的唯一男性就是他的儿子。母子间的忠诚与情感建立在母亲对儿子的襁抱提携与牺牲奉献,母亲且不时有意识地提醒儿子母亲对他的期望。透过母子共同吃苦患难的经验及母亲一再的灌输、耳提面命,母亲的价值观、完整性及影响力会活在儿子的生命里,终生相随。① 熊氏的研究,从联结性别、情感与权力的角度,注重母子共同吃苦患难的经验对母子关系产生的影响,并且指出情感也是权力的来源。这种转变观点的研究,突破过去从各种"父系制度"研究母职的局限,为母职的研究开展了新的方向,引发笔者从"母子关系"研究母职的兴趣和注意母子情感经验的研究方向。

Alan Cole 的著作讨论中国佛教中的母子关系,②他指出五到十

---

① 熊秉真:《明清家庭中的母子关系——性别、感情及其他》,载李小江等主编:《性别与中国》,北京:生活·读书·新知三联书店,1994 年,页 514—544;Hsiung Ping-Chen, "Constructed Emotions: The Bond Between Mothers and Sons in Late Imperial China", *Late Imperial China*. Vol. 15, No. 1(June 1994)87-117.

② Alan Cole, *Mothers and Sons in Chinese Buddhism*. Stanford: Stanford University Press, 1998.

世纪之间，佛教高僧和信徒透过譬喻文学一再重复“母恩难报却应报”的主题，以“救母拔离苦境”（先有佛陀后有目连）为核心故事，提倡七月十五的普度法会。Alan Cole 认为儒家尊父的伦理价值，贬抑母亲的地位，人子缺乏适当途径报答母亲的恩惠；而佛教的信仰及仪式正好补足了人子对于母恩难报的缺憾。因此高僧与信徒的努力，不但为传统中国的“母子私恩”提供了抒情的途径，也巩固了佛教寺庙在中国社会与经济的地位。① Alan Cole 的研究，凸显了儒家伦理对母亲的压抑，而认为佛教信仰解决了人子“母恩难报”的情感紧张，其研究角度和观点，为佛教在中古时期的兴盛现象提出新的解释。但有学者认为，汉唐之间为人子者亦不乏尝试经由儒家体系来彰显母子私恩，透过迂回解释礼法，企图在服丧方面尊崇生养自己的母亲，而贬抑配父的嫡、继之母。② 笔者从魏晋时期孝子为母服丧的议礼，考察母子关系，希望有助于澄清中古时期孝子如何回报母恩的问题。

历史学以外的研究领域，亦有两篇与母职相关的西文研究，对笔者的研究观点深具启发。人类学家 Margery Wolf 研究台湾农村妇女与家庭的关系，指出在父系制度的架构下，存在母亲以自己为核心，以所生之子女为成员，以情感与忠诚为凝聚力量的“子宫家庭”（uterine family）。女儿在出嫁后，离开原生的“子宫家庭”，儿子则不同，永远在母亲的身边，同时儿子娶的媳妇，及之后诞生的孙子女，也都是“子宫家庭”的一员。因此，母亲的未来寄望在儿子的未来之上，母亲与儿子的关系特别密切。③ Wolf 考察女性内心对家庭的认同图像，提出“子宫家庭”的概念，打破仅存在“父系家庭”的

---

① 参考李贞德：《汉唐之间的母亲》，“国科会”结案报告 NSC88－2411－H－001－019，1999 年，页 5。

② 见李贞德：《汉唐之间的母亲》，页 5。

③ Margery Wolf, *Women and the Family in Rural Taiwan*. Stanford: Stanford University Press, 1972.

思考方式,揭露出以母亲为主体的家庭认同及母子关系对女性的重要。

美国当代诗人及作家 Adrienne Rich 在 1977 年发表 *Of Women Born* 一书,是美国第二波妇运探讨母职的经典作品。Rich 将父权社会用来控制女性的生育和性欲的"母职制度"(the institution of motherhood),与女性自己做母亲的身、心经验加以区分,讨论在父权制度下女人身为母亲的境况,以及在不受男性支配下,母亲角色所带给女性的经验。① Rich 将母亲角色区分成"经验"与"制度",启发笔者本书的研究取径。

女性在传统中国父系社会,扮演"广继嗣"的重责大任,母亲角色深深影响女性在家中的地位和处境;作为母亲,也是多数女性重要的生命经验,要了解古代妇女的生活,便不能忽略母职研究。目前历史学领域的母职研究,仍有许多值得深入探讨的空间。本书在上述研究的基础及启发下,从"母子关系"来讨论母职,分析"父系制度"与"母子情感"对"母子关系"的影响,期望能对魏晋妇女史的研究有所补益。

第四节　章节安排

本书共有六章。在第二章,笔者从丧服制度来考察父系观点下的母子关系。首先,简要描述整个丧服制度的制服原则,以及借由服丧所彰显的父系人伦价值,作为进一步讨论丧服制度中的母子关系之知识背景。其次,利用《仪礼·丧服》,分别讨论亲生母子、非亲生

① Adrienne Rich, *Of Women Born*. New York: W. W. Norton & Company, 1986.

母子彼此如何服丧的规范，分析父系礼制如何界定母子关系，又如何贬抑母子关系。

第三章承续第二章的礼制脉络，重点放在魏晋时期孝子如何为母服丧。笔者利用《通典》中集中于魏晋时期的服丧礼议和案例，讨论人子为母亲服丧的发展变化。魏晋时期留下大量的服丧议礼，一方面显示魏晋时代重视丧服礼的实践，另一方面也透露出现实人情和父系礼制有难以应合之处。焦点在于孝子为母亲服丧，加入个人的自主判断，不愿完全依循礼制规定，而引起朝廷或礼学家的批评讨论。首先探讨魏晋争议最多的庶生母服丧，考察主张服重与服轻所依据的理由，以及子为庶生母服在魏晋的重要发展。其次讨论子为出母服丧的相关争议，服或不服，有何根据，孝子如何自作主张诠释礼经与父命。最后讨论在汉晋间逐渐发展成立的孝子为嫁母服，及相关的同母异父兄弟服，凸显在礼经缺乏明确规范的情况下，人情义理如何渗入礼制，回应现实的人伦需要。

第二、三章的讨论，一方面显示父系礼制与孝子服丧实践，存在对比落差；另一方面也揭露礼制并非一成不变，必须顺应人伦需要而调整。笔者尝试在第四章、第五章讨论礼不胜情的现实情境，以及丧服制度之外，其他影响塑造母子关系的文化价值。由于历史中的人伦现象具有变化缓慢的特征，为了呈现比较完整的人伦文化情境，第四、五章的取材范围将会超出魏晋时代，而追溯到两汉，延续到南朝，并引用少数北朝的材料。

第四章讨论母子在生活情境中荣辱与共的现象。一方面，经典中"子以母贵""母以子贵"的说法，印证于现实生活有十分丰富的内涵。母亲的嫡庶身份影响儿子的嫡庶身份，家父长对母子的爱恶亦经常是一体牵连；而儿子的成就与地位也往往与母亲分享。命运相连的处境，使母子关系更为紧密。但另一方面，家父长的权力以及嫡庶之辨的观念，还是可能对母子关系产生不利的影响，笔者亦予以分析，冀望能呈现母与子在家庭、社会的各种可能处境。

第五章讨论以儒家为主流的价值系统中,文化所强调、重视的母子关系与互动情况。本章将利用史传记载及笔记小说、佛教故事、僧传等材料,呈现母子生活互动的实态,这些材料所描述的母子互动情形是融合现实实态与文化观点的产物,往往蕴含作者及时代的文化价值观念,具有塑造理想典范的作用,并且压抑不符合文化价值的现象。首先讨论生育文化下的母子关系,着重探讨女性在生育文化中扮演的角色、生育文化加诸女性的压力,以及胎教与母子感通的观念,显示生育文化对母职的期望和对亲生母子的特殊看法。其次讨论最受史家青睐的贤母故事,“教子有方”受到儒家文化高度肯定,是母亲最大的成就。讨论的焦点放在母教故事中所见的母子关系,以及母教的主要内容和特征,并分析文化价值重视母教、对母子关系可能带来的影响。从母教追续下来,接着讨论母亲与儿子的权力关系。母亲多以教子显荣,儿子则因孝亲留名。在孝道的影响下,母亲对儿子有极大的权力,对应不同的母子名分,而在展现上亦有所区别。母亲借由对儿子的权力,伸张自己的意志,并将影响力延伸至社会、国家。母子之间除了有明显的上下权力关系,母子情感对于母子关系亦有重大影响。所以最后将焦点放在亲生母子与继假母子的情感互动上,凸显母子在文化生活中所培养的情感难以限制在礼制的规范中。

第六章为结论,综合讨论女性为母的经验对“父系制度”的挑战。“父系制度”如何塑造母职、利用母职传承父系家族?为母经验如何受到“父系制度”的压抑,如何寻求突破?首先,综合讨论魏晋时期的母子关系如何挑战父系制度的控制。其次,讨论于氏如何从为母的经验出发,推翻贺率为人后的说法,并证成两人的母子关系,作为母职经验挑战“父系制度”的极致例证。最后,分析时人对于氏上表的评议,考察于氏立论与“父系制度”的冲突点,归结“父系制度”如何控制母职。

第二章　父系观点下的母子人伦：以丧服制度为主的考察

传统中国父系家庭的婚姻制度采取一妻多妾制，一家之内独尊一父，而母有嫡、庶、继、慈之别，母子名分的界定在礼制中是一个比较复杂的问题。有母之名的家内女性，与子在礼法上的关系，受到父系原则的规范，具体而微地呈现在丧服制度中，因此欲讨论母子关系如何定义，其在家族中与其他人伦关系的相对位阶，以及母子人伦在礼制中的安排，必须先了解丧服制度所规范的人伦体系，再进一步从《仪礼·丧服》中母子之服的规范进行分析。丧服制度与宗法制度息息相关，其中呈现浓厚的父系继嗣及尊祖敬宗的原则，在六种服术的调理下，丧服制度所表现的亲属关系并非直接的血缘关系，有关丧服制度与人伦体系的问题将在第一节讨论。《丧服》中母子人伦亲疏如何安排，并非全然以母子血缘为依据，必须考虑父亲的存殁，父亲爵位的高低，母亲的身份以及子在家族中的身份。这几种因素相互交叉作用，呈现多种排列组合，显示母子人伦在礼制中的复杂性。

本章所要讨论的母，是指与父亲有婚姻关系的女性，经传文字中出现的有“母”、“君母”(嫡母)、“继母”、“慈母”、“庶母慈己”、“庶母”等各种母亲，为了方便讨论，笔者将母子之间的服丧区分为亲生母子的服丧与非亲生母子服丧，整理经传中母子服丧之规范，分析礼制如何界定母子关系的亲疏，以及规范服制轻重的原则。第二节讨论亲生母子如何制服的问题。分析具有生身关系的母子如何制服,在家族结构及身份的变化中,母子关系有何改变,如何借由礼制调整人伦关系,以及父系原则如何影响母子关系。第三节讨论非亲生母子的制服。凸显没有生身血缘的联系时,礼制依何种原则定位母子关系,并与亲生母子人伦的亲疏与制服轻重作比较。对象按嫡庶分为两类,包括嫡母、继母、所后母与庶母、庶母慈己者、慈母。

第一节　丧服制度所表现的人伦关系

传统中国的生命仪式中,最能表现人际关系及身份的莫过于丧服制度,而《仪礼·丧服》经传则是对此制度记载最详备的典籍。《仪礼·丧服》经传的内容分成三部分:一是《经》,说明丧服、丧期和适用对象。二是《传》,多在经文条目后,以问答方式阐明经文制服的用意,或进一步明确解说丧服的适用对象。三是《记》,在全篇之末,作为补充前两者之缺漏。《丧服》经传似非成于一人一时之作,部分传文之后又再别引"传曰",学者认为"是作传者,引旧传证成己意"①。记文中也有《传》为其作解,"则是作传者又在作记者之后明矣"②。此皆可见《丧服》经传传衍的痕迹;丧服制度是在长久的实行中逐步发展形成的。学者研究先秦社会的丧服礼俗,不尽与《仪礼·丧服》篇记载相同,③然而观《礼记》中《檀弓》、《曾子问》、《丧服小记》、《服问》、《三年问》和《丧服四制》等篇,孔门讨论丧服制度的态度,已将其视为一项行之久远的成规,可推论这项制度必在孔子之前已大体成

① 共有六条,《经》五条,《记》一条。参考(清)胡培翚:《仪礼正义》卷二一《丧服一》,南京:江苏古籍出版社,1993 年,页 1388。

② 参考胡培翚:《仪礼正义》卷二一《丧服一》,页 1339—1340。

③ 参考章景明:《先秦丧服制度考》,台北:台湾中华书局,1986 年,页 24—28。

形，但可能并非当时社会上多数人遵行的风俗，只是儒者对其格外重视，因而详加考究，阐释更明，且极力推行。①

郑玄《目录》阐释丧服礼的精义，云：

> 天子以下，死而相丧，衣服、年月、亲疏、隆杀之礼也。丧必有服，所以为至痛饰也。②

《仪礼·丧服》规范的对象，自天子至于庶人，皆总包在内。服丧的对象虽然不限于亲属，但以亲属为主。③ 丧服制度是由服制与丧期两者搭配而成。“衣服”即服制，由重到轻分别有斩衰、齐衰、大功、小功、缌麻；“年月”即丧期，由长到短，分别为三年、期年、九月、七月、五月、三月。而主要的搭配有五类：斩衰三年、齐衰期、大功九月、小功五月和缌麻三月，称为“五服”。④ 郑玄指出服制与丧期配合的基本原则是亲者隆——服制重且丧期长；疏者杀——服制轻且丧期短；而生人之所以为丧者制服，是为了以外在的服饰表现内心的哀伤之情。《白虎通》云“丧礼必制衰麻何？以副意也。服以饰情，情貌相配，中外相应”⑤，是之谓饰。由此可见，丧服礼制是一套根据生者与死者的亲疏关系，配合丧服之轻重及丧期之久暂，以表现对死者的哀悼之情的制度。

事实上“亲疏隆杀”只是最基本的制服原则之一，丧服制度中还

① 参考阎鸿中：《周秦汉时代家族伦理之变迁》，台湾大学历史学研究所博士论文，1997年，页108。

② （唐）贾公彦：《仪礼注疏》卷二八《丧服》，台北：世界书局，1963年，页1a。

③ 石磊：《仪礼丧服篇所表现的亲属结构》，《民族学研究所集刊》53，1986，页2—23。

④ 参考杜正胜：《中国传统家族特质之现代反省——特从服纪与法律的考察》，《大陆杂志》95：4，1997，页5。

⑤ （清）陈立撰，吴则虞点校：《白虎通疏证》卷一一《丧服》“论衰”，北京：中华书局，1994年，页510。

包含其他原则互相搭配,构成一个复杂的人伦体系。《礼记·大传》云:

服术有六,一曰亲亲,二曰尊尊,三曰名,四曰出入,五曰长幼,六曰从服。①

郑玄注云:"亲亲,父母为首。尊尊,君为首。名,世母叔母之属也。出入,女子子嫁者,及在室者。长幼,成人及殇也。从服,若夫为妻之父母,妻为夫之党服。"②"亲亲",即是依亲属关系的亲疏远近决定丧服轻重。父母是与我们亲属关系最亲密者,为之服三年之丧,因此为"亲亲"之首。"尊尊",是依身份地位的尊卑贵贱来安排丧服轻重。《礼记·丧服四制》云:"资于事父以事君,而敬同。贵贵、尊尊,义之大者也。故为君亦斩衰三年,以义制者也。"③因国君身份至为尊贵,而为之服斩衰三年,故谓君为"尊尊"之首。"名",即名义。以世母、叔母为例,与己本是没有血亲关系的路人,因配于世父、叔父,于己乃有"世母""叔母"之名,所以为之有服。"出入",指依宗族之归属而定丧服轻重。例如女子在室本属于父宗,故为父服斩衰三年,出嫁后,改属夫宗,则为夫服斩衰三年,为父母则降为齐衰期,父母为其服丧也从齐衰期年降为大功九月,此即所谓"出"。若女子出嫁后被出(出妻之规范,后文再另外讨论),或夫亡无子复归本宗者,则仍服在室未嫁之本服,此即所谓"入"。"长幼",指以年龄来安排服丧轻重。郑玄

① (唐)孔颖达:《礼记正义》卷三四《大传第十六》,北京:中华书局,1996年,页279c。
②《礼记正义》卷三四《大传第十六》,页279c。
③《礼记正义》卷六三《丧服四制第四十九》,页467a。

云："殇者，男女未冠笄而死，可殇者。"①《释名》曰："未二十而死曰殇。"②丧服制度中，若男女年未二十即死，为之服丧比于成人而死更轻。"从服"，即跟随某个关系人之丧服而服丧，例如夫妻互相为对方的亲属服丧。从服的情形共有六种，《礼记·大传》曰："从服有六：有属从，有徒从，有从有服而无服，有从无服而有服，有从重而轻，有从轻而重。"③

关于"从服"，仅取"属从""徒从"稍作解释，不再一一讨论。"属从"，孔颖达云："属谓亲属，以其亲属，为其支党。"④以子为母党服丧为例，对子而言，母为至亲，而母党本为外族，以母之故而为母党服。母为其父母服齐衰期，子从母而服，乃为外祖父母服小功五月。"属从"在六种"从服"中较为特殊，《礼记·丧服小记》云："从服者，所从亡，则已。属从者，所从虽没也，服。"⑤凡是"属从"者，无论所从者是存是殁，从服之人皆当为其亲人有服。"属从"除了子从母以外，夫从妻，妻从夫也都是"属从"。"徒从"，孔颖达云："徒，空也，与彼无亲，空服彼之支党。"⑥例如妾为女君之党、庶子为君母（嫡母）之亲等等。"徒从"则所从者亡，即不再为所从者之亲有服。⑦

据礼学家的解释，六种服术之中，"亲亲"当为最早发展的原则。朱熹云："夏、商而上，大概只是亲亲长长之意，到得周来，则又添得许多贵贵底礼数。如始封之君不臣诸父昆弟，封君之子不臣诸父而臣

① 《仪礼注疏》卷三一《丧服》，页 13a。
② （清）王先谦：《释名疏证补》卷八《释丧制第二十七》，台北：台湾商务印书馆，1968 年，页 409。
③ 《礼记正义》卷三四《大传第十六》，页 279c。
④ 《礼记正义》卷三四《大传第十六》，页 279c。
⑤ 《礼记正义》卷三二《丧服小记第十五》，页 268b。
⑥ 《礼记正义》卷三四《大传第十六》，页 279c。
⑦ 关于"服术"的讨论，参考章景明：《先秦丧服制度考》，页 31—37。

昆弟,期之丧天子诸侯绝,大夫降。……此皆贵贵之义。”①胡培翚案:“孔子云:‘亲亲之杀,尊贤之等,礼所生也。’贵贵即尊贤之义。古者丧期无数……但殷以前质,至周更参以贵贵之制,而五服等杀益明。”②因此至周代以下,丧服制中除了“亲亲”的原则,特别注意身份和爵位在丧服礼制的相应隆杀。此后,“亲亲”“尊尊”成为服术中最重要的原则,二者为经,其余四者为纬,如此交织成一个复杂完备的人伦体系。人们依据彼此在此体系中的位置,互相为对方服丧,因此丧服制度不仅可借以表现人际间的情分,透过服丧,更能确定彼此在整个家族、社会体系的关系与身份,具有明显的社会组织功能。

丧服制度所表现的社会组织,是一个宗法社会;丧服制度与宗法制度有着密切配合的关系。对于宗法制度的记载,主要见于《礼记·大传》:

> 君有合族之道,族人不得以其戚戚君,位也。庶子不祭,明其宗也。庶子不得为长子三年,不继祖也。③

“合族之道”,据孔颖达《疏》谓,透过同族之人一起吃食燕饮之礼,来聚合同一宗族的人。④ 郑玄注云:“君恩可以下施,而族人皆臣也,不得以父兄子弟之亲,自戚于君。位,谓齿列也,所以尊君别嫌也。”⑤国君有抟聚族人之礼,然而国君身份尊贵,族人于君皆为臣子,不可以亲戚的身份同国君班辈,排列位序,由此可见“宗主权”之至上。

---

① (宋)黎靖德编:《朱子语类》卷六三《中庸二》,台北:文津出版社,1986 年,页1554。
② 《仪礼正义》卷二一《丧服一》,页 1342。
③ 《礼记正义》卷三四《大传第十六》,页 280a。
④ 《礼记正义》卷三四《大传第十六》,页 280a。
⑤ 《礼记正义》卷三四《大传第十六》,页 280a。

“庶子”一词，在礼制中有两种解释：一是相对于嫡妻所生之嫡子，则凡妾所生者乃为庶子。另一则是相对于“宗子”，其余皆为庶子。① 此处之义应从于后者。庶子不祭祀宗庙，是表示尊重宗子的祭祀之权，郑注曰：“明，犹尊也。”②庶子不得为自己的长子服三年之丧，因为庶子不继祖先之正体；“长子”指一家之嫡长子。③《仪礼·丧服》中亦有相同的规范，《丧服·斩衰三年章》曰：“父为长子。传曰：何以三年也。正体于上，又乃将所传重也。庶子不得为长子三年，不继祖也。”④郑玄注曰：“此言为父后者，然后为长子三年。”故知父为宗子，乃得为其长子服三年丧；父的宗法身份为庶子，就不得为自己的长子服三年。何谓“正体”？雷次宗云：“父子一体也，而长嫡独正。”⑤故知父子之间，只有代代皆为长子，以嫡嫡相继承者，方继祖宗之正体。“传重”，郑注云：“代己为宗庙主。”⑥因此在宗法制度中，宗子继承祖宗正体，身负主祭宗庙之重任，其宗法身份特别尊贵；宗子之长子也是祖先之正体，又将继承主持宗庙祭祀，因此丧服制度中，父亲特别为长子服至重之丧，给予特别的尊重。

以上特征显示，宗法制度是一个父系嫡长继承制度，特别重视嫡庶身份之辨，这些特色也反映在丧服制度中“父至尊”的地位，以及为长子及嫡孙服丧重于为众子及庶孙服等规范。

宗法制度中又有大宗、小宗之别，《礼记·大传》曰：

> 别子为祖，继别为宗，继祢者为小宗。有百世不迁之宗，有

① 关于“庶子”一词的讨论，参考阎鸿中：《周秦汉时代家族伦理之变迁》，页39，注3。

②《礼记正义》卷三四《大传第十六》，页280a。

③《仪礼正义》卷二一《丧服一》，页1366。

④《仪礼注疏》卷二九《丧服》，页4a。

⑤《仪礼正义》卷二一《丧服一》，页1366。

⑥《仪礼注疏》卷二九《丧服》，页4a。

> 五世则迁之宗。百世不迁者,别子之后也;宗其继别子之所自出者,百世不迁者也。宗其继高祖者,五世则迁者也。尊祖故敬宗,敬宗,尊祖之义也。……绝族无移服,亲者属也。①

“别子”,据郑玄的解释是指“诸侯之庶子”,或是“始来此国”的异姓大夫。② 后者是始封为大夫,前者则为国君庶子,因“庶子不祭”及“不得以其戚戚君”,因此在国君之下单独成为一族之始祖。继承别子的嫡长子就是新宗族的大宗,特为族人所尊重;而其余的父系继承人,则为小宗。③ 继承别子(始祖)的大宗百世不迁,而继承父亲的小宗,超过五代就不再与共高祖以上之族人同宗。

宗法制度中,小宗有四,大宗一,合称“五宗”。④ (参见图1“大小宗图”)孔颖达曰:“其继高祖至子五代,继曾祖至孙五代,继祖至曾孙五代,继祢至玄孙五代,不复与四从兄弟为宗,故云五代则迁。”⑤家族长主持历代祖先宗庙祭祀,凡属于该祖之子孙皆来会祭。小宗五世以外的族人,不再有共同祭祀祖先的活动,称为“绝族”,其丧无服,不算亲属。⑥ 而大宗祭祀始祖,以嫡长子继承,代代延续下去,百世不迁,所有的小宗皆须来祭,达到收族的作用。家族成员祭祀自己所从出之祖先,称为“尊祖”;成员听命于家族长(宗子),奉他为宗庙的主祭者,谓之“敬宗”;利用这种方式,把家族成员抟聚起来,即为“收族”。⑦

---

①《礼记正义》卷三四《大传第十六》,页280a。
② 见郑玄《注》,载《礼记正义》卷三四《大传第十六》,页280a。
③ 见郑玄《注》,载《礼记正义》卷三四《大传第十六》,页280b。
④ 见孔颖达《疏》,载《礼记正义》卷三四《大传第十六》,页280b。
⑤《礼记正义》卷三四《大传第十六》,页280b。
⑥ 见孔颖达《疏》,载《礼记正义》卷三四《大传第十六》,页280c。
⑦ 参考杜正胜:《中国传统家族特质之现代反省——特从服纪与法律的考察》,《大陆杂志》95:4,1997,页5。

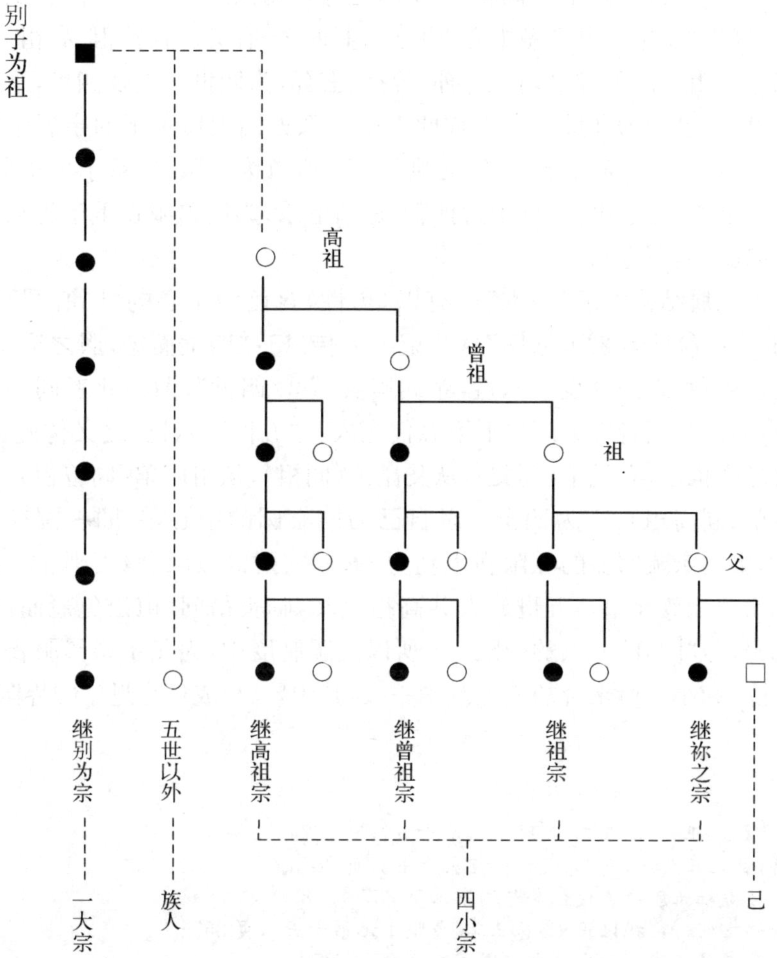

图 1　大小宗图

《礼记·丧服小记》曰:“亲亲以三为五,以五为九;上杀、下杀、旁杀而亲毕矣。”①郑玄注曰:“己,上亲父,下亲子,三也。以父亲祖,以子亲孙,五也。以祖亲高祖,以孙亲玄孙,九也。”②任何一种服纪都是以(男性)生人自己做中心,由己向上推之,有父、祖、曾祖、高祖,为四世。由己向下推之,有子、孙、曾孙、玄孙,为四世。上及四世,下及四世,合己共为九世。古人称此上下一系如同大树主干的亲属结构为“一本”。③ “亲益疏者,服之则轻。”④所以为父服丧,重于为祖服,是谓上杀;为子服丧,重于为孙服,是谓下杀;为昆弟服丧重于为从父昆弟服,是谓旁杀。

亲属结构除了“一本”还有以(男性)自己为中心的“同心圆”结构。⑤ (参见图2“五服图”)《礼记·大传》曰:“四世而缌,服之穷也。五世袒免,杀同姓也。六世,亲属竭矣。”⑥“四世”,谓与死者同一高祖,而己与死者则为高祖下第五代之人。“五世”“六世”之义仿此。⑦由己旁推之,有昆弟(同父),从父昆弟(同祖),从祖昆弟(同曾祖),族昆弟(同高祖),亦为四世。以自己为同心圆的中心,一圈一圈往外推;服内亲疏明显的界限在大功,是家族共财的极限,服丧则止于共承高祖之族兄弟。五世族人共高祖之父,临丧吊问,袒讼免冠而已,无服,是“同姓”族人的极限。⑧ 所以丧服制度中,为父系亲属服丧的范围,和小宗所聚合的族人范围一致,其中,共祖成员是近亲的界限。

---

①《礼记正义》卷三二《丧服小记第十五》,页267a。
②《礼记正义》卷三二《丧服小记第十五》,页267a。
③ 参考杜正胜:《古代社会与国家》,页857—858。
④ 郑玄《注》,《礼记正义》卷三二《丧服小记第十五》,页267a。
⑤ 参考杜正胜:《古代社会与国家》,页857—858。
⑥《礼记正义》卷三四《大传第十六》,页279b。
⑦ 参见杨天宇注语,载氏撰《礼记译注》,上海:上海古籍出版社,1997年,页581。
⑧ 参考杜正胜:《古代社会与国家》,页858—859。

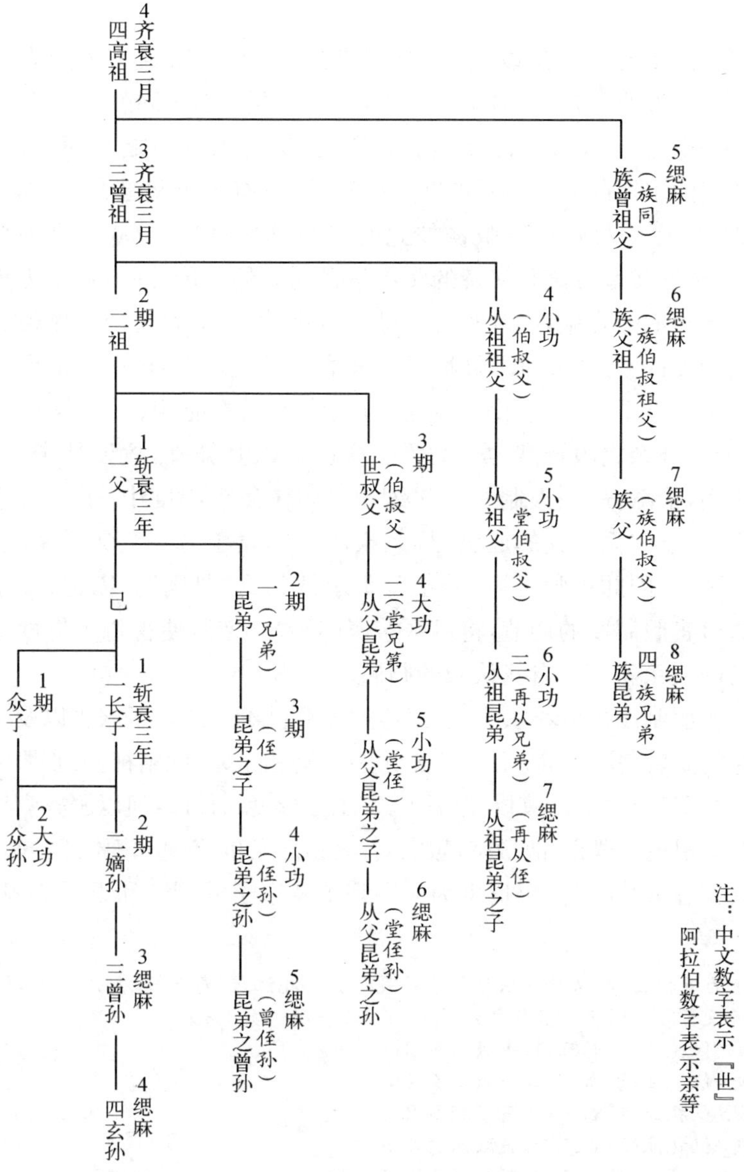
四高祖
4齐衰三月
三曾祖
3齐衰三月
二祖
2期
一父
1斩衰三年
己
一长子
1斩衰三年
二嫡孙
2期
三曾孙
3缌麻
四玄孙
4缌麻
众子
1期
众孙
2大功
一昆弟（兄弟）
2期
昆弟之子（侄）
3期
昆弟之孙（侄孙）
4小功
昆弟之曾孙（曾侄孙）
5缌麻
世叔父（伯叔父）
3期
二从父昆弟（堂兄弟）
4大功
从父昆弟之子（堂侄）
5小功
从父昆弟之孙（堂侄孙）
6缌麻
从祖祖父（伯叔父）
4小功
从祖父（堂伯叔父）
5小功
三从祖昆弟（再从兄弟）
6小功
从祖昆弟之子（再从侄）
7缌麻
族曾祖父（族同）
5缌麻
族父祖（族伯叔祖父）
6缌麻
族父（族伯叔父）
7缌麻
四族昆弟（族兄弟）
8缌麻
注：中文数字表示『世』
阿拉伯数字表示亲等

图 2　五服图

丧服礼制所规范的是以小宗“五世则迁”之父系宗族为主的人伦体系。必须说明的是,丧服中也有为母系亲属服丧的规范,不过其范围只限外祖父母、舅及舅之子、从母(母之姊妹)及从母之子而已;且母系亲属的服制限制在最轻的“缌麻三月”,仅有外祖父母、从母加服至小功。① 子为母系亲属服丧如此的轻微,原因何在?从血缘关系来看,母亲的父母应该和父亲的父母站在同等的人伦位阶,但子为祖父母服齐衰期的丧服,②为外祖父母仅有小功;③子为父亲的兄弟服齐衰期的丧,④为母亲的兄弟则只有缌麻三月之服,⑤轻重差距更是明显。子为母系亲属的服制,显然与血缘关系不能相称。《仪礼·丧服》云:“外亲之服皆缌也。”⑥贾公彦曰:“以其异姓,故云外亲;以本非骨肉,情疏,故圣人制礼无过缌也。”⑦在父系制度中,子从父亲之姓氏,属于父系家族的成员,母系亲属则归属于另一个父系家族,是异姓之人,因此被归类为“外亲”,不承认其为“骨肉”。因此,父系家族透过丧服制度的调节,将母系亲属归为“外亲”,使得每个男性都以自己的父系家族为自我认同的归属。

丧服制度虽以小宗为主,但透过为百世不迁之宗子服丧以及大宗不绝的立后制度,仍彰显了宗法制度中“尊祖敬宗”的精神。《丧服·齐衰三月章》云:“丈夫、妇人为宗子、宗子之母妻。传曰:何以服齐衰三月也?尊祖也。尊祖,故敬宗;敬宗者,尊祖之义也。”⑧大宗不迁,同宗的男女虽在五代之外,仍世世为大宗宗子及宗子的母亲和妻子有服,其

① 子为外祖父母、从母及从母之子服丧,见《仪礼注疏》卷三三《丧服》,页 17a;为舅及舅之子服丧,见《仪礼注疏》卷三三《丧服》,页 19a。
② 见《仪礼注疏》卷三〇《丧服》,页 8a。
③ 见《仪礼注疏》卷三三《丧服》,页 17a。
④ 见《仪礼注疏》卷三〇《丧服》,页 8a。
⑤ 见《仪礼注疏》卷三三《丧服》,页 19a。
⑥《仪礼注疏》卷三三《丧服》,页 17b。
⑦ 贾公彦《疏》,《仪礼注疏》卷三三《丧服》,页 17b。
⑧《仪礼注疏》卷三一《丧服》,页 12a。

丧期虽只有三月，服制却是仅次于斩衰之齐衰。制定较重的丧服，是为了借由尊敬宗子来彰显尊敬祖先的心意。而宗子之母、妻，统领族人之妇，故族人亦为之服丧，亦是“尊祖敬宗”的表现。①

《仪礼·丧服》经传中明确提出大宗不可绝嗣的观念：“大宗者，收族者也，不可以绝，故族人以支子后大宗也。”②将宗族凝聚起来是宗子的责任，也是宗子地位的来源，宗子借由祭祀祖先、聚合族人燕享共食及分别昭穆等仪式，来达到收族的目的。③ 其中尤以宗庙祭祀最为重要，宗子负责宗庙祭祀，不仅享祀祖先之血食，也是“族人生命归宿的寄托”。④《礼记·曾子问》引孔子之言曰：“凡殇与无后者，祭于宗子之家。”⑤宗子的存在，保障同宗无后者死后得与祖先及族人同受祭祀，因此大宗必不能绝后嗣。宗子若无后，需以同宗支子入继，入继之子必须如同宗子的亲生子嗣一般为宗子的亲人服丧。⑥关于立后制度的细节，留待下文再详细讨论。

丧服制度所表现的人伦体系，以父系小宗的亲属为主要范围，以大功之亲为同居共财的界限。母系亲属在丧服制度所呈现的人际网络中被归类为“外亲”，亲属关系显得十分疏远。丧服制度中，服术以“亲亲”为最主要的原则，但周道重“尊尊”，强调以宗法身份及爵位高低来隆杀丧服，在亲疏关系之外，重视彼此在家族、社会网络中的身份尊卑，因此丧服制度所表现的人伦关系，并不是彼此直接的血缘关系，唯有放在整个宗法社会的尊卑秩序体系内，才能理解一人为另一人服某种丧服的理由。⑦

---

① 见《仪礼正义》卷二三《丧服三》，页 1462—1464。
② 《仪礼注疏》卷三〇《丧服》，页 9a。
③ 见阎鸿中：《周秦汉时代家族伦理之变迁》，页 53—55。
④ 见阎鸿中：《周秦汉时代家族伦理之变迁》，页 53。
⑤ 见《礼记正义》卷一九《曾子问第七》，页 172b。
⑥ 见《仪礼注疏》卷二九《丧服》，页 4b。
⑦ 参考阎鸿中：《周秦汉时代家族伦理之变迁》，页 114。

第二节 亲生母子间的服丧规范分析

传统中国父系家族以丧服制度来划定亲属范围及亲疏关系,母子关系的规范也在其中。天下没有无母之人,对于母子关系的认定,最单纯最朴素的依据,应该即是生物现象的“生”。然而丧服制度中的母子关系,并非都是亲生母子,因此制服的依据除了血缘,还有其他的判准原则。母子关系置于家庭组织的场域及历史文化的脉络中,作为人伦体系的一环,其相待之道受家庭与文化制度的影响,尤其受到父亲意志的左右。为了有条理地讨论各种不同的母子关系如何制服,笔者以生育为准,分为亲生与非亲生,分别讨论。以下便从亲生母子之间的服丧进行分析。

在进入讨论之前,首先将《仪礼·丧服》中,亲生母子间的服丧规范整理如下,以方便讨论:

(1)“父卒则为母。”(服齐衰三年)

(2)“父在为母(服齐衰杖期)。传曰:何以期也?屈也。至尊在,不敢伸其私尊也,父必三年然后娶,达子之志也。”

(3)“母为长子(服齐衰三年)。传曰:何以三年也?父之所不降,母亦不敢降也。”

(4)“为众子。”(服齐衰不杖期)

(5)“公之庶昆弟、大夫之庶子,为母(服大功九月)。传曰:何以大功也?先君余尊之所厌不得过大功也。大夫之庶子,则从乎父而降也。父之所不降,子亦不敢降也。”

(6)“公子为其母,练冠,麻,麻衣縓缘。传曰:何以不在五服之中也?君之所不服,子亦不敢服也。”

(7)“庶子为父后者，为其母(服缌麻三月)。传曰：何以缌也？传曰：与尊者为一体，不敢服其私亲也。然则何以服缌也？有死于宫中者，则为之三月不举祭，因是以服缌也。”

(8)“公妾、大夫之妾为其子(服齐衰不杖期)。传曰：何以期也？妾不得体君，为其子得遂也。”

(9)“出妻之子为母(服齐衰杖期)。传曰：出妻之子为母期，则为外祖父母无服。传曰：绝族无施服。”

(10)“出妻之子为父后者，则为出母无服。传曰：与尊者为一体，不敢服其私亲也。”

(11)“为人后者，为其父母(服齐衰不杖期)，报。传曰：何以期也，不贰斩也。何以不贰斩也？持重于大宗者，降其小宗也。为人后者孰后？后大宗也！曷为后大宗？大宗者，尊之统也。”

上列数条所规范的对象皆是至亲母子，而因家庭结构的改变、父亲爵位的高低和儿子宗法身份的不同，在丧期与服制上产生不同的变化。子为生母服丧最重齐衰三年，最轻甚至无服，其间的差异可谓巨大；母为子服丧也受彼此的身份影响，并非一成不变。可见母子天然血缘之亲并非制服的唯一依据，虽皆所生，借由丧服所表现的亲疏关系却不相同。以下试讨论丧服规范所见影响亲生母子之间制服的因素，以了解父系礼法如何界定母子关系，借由礼法表现出何种样貌的母子人伦。

(一) 母子之间服丧的基本形态

(1)、(2)、(3)、(4)条是规范母子之间服丧的基本形态。除了“母为长子”条仅限于大宗，其他规范的对象包括所有家庭的嫡生母子，以及士阶层以下家庭之庶生母子。

父母与子女“生则相欢,死则相哀,此之谓骨肉之亲也”。① 父母并列“亲亲”之首,子为父母当服最重之丧,但丧服礼制中,为父母服丧之轻重却不相等。子为父服斩衰三年,为母,则父在服齐衰杖期,父卒始伸为三年,且犹不得服斩衰。理由何在?《丧服》传曰:“为父何以斩衰也?父至尊也。”②《礼记·丧服四制》云:“天无二日,土无二王,国无二君,家无二尊,以一治之也。故父在为母齐衰期者,见无二也。”③一家之内,父、母、子三者结合成父子、母子、夫妻三种人伦关系,父不独尊于子,为夫则尊于妻,而母只为子所尊,故曰父为“至尊”,母为“私尊”。妻卒,夫为妻服齐衰期,④子从父服期年而释服,不敢继以重服令父触景伤情。而父卒为母虽伸三年,但以家无二尊,仍在服制轻重上予以差别,以明“父至尊”之义。故子为母服,降杀一等,又以“父卒”“父在”决定为母服丧之久暂,表现出父、母、子三人在家庭中的尊卑差序,其背后的精神是以父亲为家中的至尊。从亲属关系而言,父与母皆是子的至亲尊长,从宗法身份来看,二者却有尊卑之别,礼法上,“尊父”“父命”等原则成为安排母子关系的主要依据,对子而言,母亲的尊重程度被压抑在父亲之下。

母为子服丧,即使对象同样是亲生的儿子,为长子服与众子服却轻重有别。长子因将继承家统,为先祖之正体,受“尊祖敬宗”的原则影响,父亲为之服斩衰三年。父所不降,母亦不敢降,故母亲亦为长子服三年;但母于子有“私尊”之义,母为子服不得重于子为母服,故以齐衰取代斩衰为服制。父母为长子以外的“众子”服齐衰期之丧。“众子”,据郑注解释为:“长子之弟及妾子,女子子在室亦如之。”⑤母为长子以下之子,不论己子、妾子皆服齐衰期,所谓“其夫属乎父道

---

① 陈奇猷:《吕氏春秋校释》卷九《精通篇》,上海:学林出版社,1995年,页508。
②《仪礼注疏》卷二九《丧服》,页4。
③《礼记正义》卷六三《丧服四制第四十九》,页467a。
④ 见《仪礼注疏》卷三〇《丧服》,页7b。
⑤ 见《仪礼注疏》卷三〇《丧服》,页8b。

者，妻皆母道也”，①显然对妻子而言，“母亲”的名分是跟随丈夫而来，妾子也必须尊父之妻为嫡母，由此可见，血缘并非母子关系的唯一依据。而嫡生母子关系中，母亲对于长子因为“尊祖敬宗”的精神，必须给予特别尊重，也突显了血缘之外的文化因素对母子关系的影响。

（二）妾母子之服丧

(5)、(6)、(7)、(8)条讨论父亲的爵位为大夫以上，妾母子之间如何服丧。在《仪礼·丧服》的规范中，庶子为生母服丧的规范比较复杂，除了受父亲的存殁影响，由于生母为妾，复受“嫡庶之辨”影响，地位卑贱，受服更轻；此外，父亲爵位的高低以及庶子的宗法身份也左右庶子为生母服丧的轻重。第(6)条，言公子父在为己母，郑注云：

> 公子，君之庶子也。……练冠而麻衣縓缘，三年练之受饰也。《檀弓》曰：“练，练衣黄里縓缘。”诸侯之妾子，厌于父，为母不得伸权，为制此服，不夺其恩也。②

公子父在为己母之服丧，不在五服之中。因为诸侯身份尊贵，与妾的地位相隔悬殊，诸侯不为庶妾服丧；父不服，子亦不敢服，子仅能以三年之丧中练祭的服饰来表达追思生母之情，比于“父在，为母期”差别远矣。第(5)条依郑玄的解释，“公之庶昆弟，则父卒也，大夫之庶子，则父在也”。③ 君卒，庶子为母仅有大功之服，因为君的身份特别尊贵，虽卒，犹有余尊之厌，故子仍然不能为母伸三年之服。大夫庶子

① 《仪礼注疏》卷三二《丧服》，页 14a—14b。
② 《仪礼注疏》卷三三《丧服》，页 19b。
③ 《仪礼注疏》卷三二《丧服》，页 14b。

父在,也是由于父亲的地位尊隆,故由齐衰期年再降一等,仅服大功九月;若大夫庶子父卒,依郑玄的说法,庶子可为己母服三年。①《仪礼·丧服》经传未别列士庶子为生母服之文,郑玄以为"士虽在,庶子为母皆如众人"。贾疏云:"士卑无厌故也。"②故可知士庶子父在,为母服齐衰期,父殁为母三年,与常人无异。这几条是专门针对贵族统治阶层而设,父亲的爵位越高,身份愈尊贵,儿子为庶生母服丧就必须更受父亲压抑而愈轻;到士的阶层,因士、庶地位相差无几,故依常人之礼。

庶子为生母服还有一条特别的规定,庶子的宗法身份若是"为父后",成为家族的继承人,便与至尊为一体,生母虽然是儿子的"私亲",儿子也仅为生母服缌麻三月。庶子因承继祖祢,提高在家族中的身份,也提高其在社会上的地位。于礼,庶生母却没有随之获得尊重,反而强调其地位卑贱须更受厌降。礼制的目的,恐怕正是防止"母以子贵",害怕卑贱之女以贵子而骤然提升地位。马融以为:"承父之体,四时祭祀,不敢申私亲服,废尊者之祭,故服缌也。"③从为父后者主持家族祭祀的职责来说明,认为不废家族祖先的祭祀是降服的理由。不论是"尊父"或"尊祖敬宗",所代表的皆是尊重父系的原则。此条统言"庶子为父后",未分别父亲身份的贵贱,即表示"尊祖"与"尊父"之精神,是所有父系家庭皆必须遵行的原则。

庶子为后还有另一种情况——出继为他人之后。庶子出为人后,若按照出后为本生家族降一等而制服,则大夫阶层为所生母服小功五月,士阶层服齐衰期;若等同于庶子为父后,则为所生母一律服缌麻三月。

妾在家庭中地位卑贱,庶子为生母服受到特别多的限制,庶生母

① 见《仪礼注疏》卷三三《丧服》,页 18b。
② 见《仪礼注疏》卷三三《丧服》,页 18b。
③《通典》卷九二《礼典五十二》"缌麻成人服三月"条,页 2510。

为己子服，于礼反而可遂服期。贾公彦《疏》云：

> 诸侯绝旁期，为众子无服。大夫降一等，为众子大功。其妻体君，皆从夫而降之。至于二妾，贱，皆不得体君，君不厌妾，故自为其子得伸，遂而服期也。①

父母为众子服丧，原本应服齐衰期，但受身份尊卑的影响而有降杀。诸侯为众子无服，大夫则为众子服大功。儿子的生母若为父亲之妻，以“体君”之故，一身荣辱随夫升降，为他人服丧亦从夫而增减。故诸侯、大夫之妻为众子服亦降杀，遂有服大功甚至无服的情况。而诸侯、大夫之妾，身份卑贱，不得体君，故不须从君厌降，反而得遂母子之情，妾为己子服齐衰期；由此遂出现生母为儿子服丧重于子为母服的情形，背离了母子伦常原有的尊卑次序。

庶子为生母服丧的变化，主要受制于父亲身份之尊卑，及庶子在家族中宗法身份变化之影响。妾母因身份卑微，更加强尊父重宗之义，因此父亲身份越尊，子从于父，为妾母服丧则越轻；而妾不体君，不随君厌降，服制中反而出现母为子服丧重于子为母服的情形。显示父、母、子三者组成的伦常尊卑，在庶生母子之间便不再一定是母尊于子。至于士阶层，因身份在贵族中属卑贱，子不再因为父亲的身份厌降母服，为母服丧得与常人无异。

若庶子为父传重，则与父一体同尊，不论其父的爵位高低、身份贵贱，庶子为生母服皆仅得缌麻。由此可知，重宗与尊父，是安排家内秩序的主要依据。此外“嫡庶之辨”也是礼制的重要精神，妻、妾因为与父亲的关系不同而有嫡、庶之别，在礼法上的尊卑有很大的差别。嫡生母为家中亚尊，受父至尊压抑，子为其服丧有三年与期年之别；且因与夫一体尊卑，出现降服亲生子的情况，但不失母尊子卑之

---

①《仪礼注疏》卷三一《丧服》，页11b。

义。而妾母庶子的母子关系,不但较嫡生母子更受父系礼制抑制,且从服制轻重来看,反而出现子尊于母的现象,可见礼制中的母子人伦未必皆是母尊于子。贵嫡贱庶,妾在礼法上的地位卑贱,更受家族公义的压抑,以亲生母亲的身份不能受子之重服,却必须为子服重。

(三)母被父出或子出为人后

(9)、(10)、(11)条是母子有一方离开家庭,家庭组成成员产生变化时,母子之间服丧的变制。母子关系在礼法中的位阶既低于父子关系,已出适的妇人在夫家又是从于丈夫来界定人伦关系,那么夫妻离绝,对母子关系会产生什么影响呢?传统中国的离婚规范中,有所谓的“七去”,规范男方“出妻”的条件。《大戴礼记·本命篇》云:

> 妇有七去:不顺父母去,无子去,淫去,妒去,有恶疾去,多言去,窃盗去。不顺父母去,为其逆德也。无子,为其绝世也。淫,为其乱族也。妒,为其乱家也。有恶疾,为其不可与共粢盛也。口多言,为其离亲也。盗窃,为其反义也。①

观“七去”的内容,蕴含的是对“妇道”的要求:妇人必须孝顺翁姑、为父系家庭生儿育女、佐助祭祀,举止要贞静和顺,以维持父系家族人伦的和乐。婚姻关系维持与否的要件不在于夫妻情感,而是以维护父系家族的整体利益为考量。“七去”中有些条目缺乏明确的标准,妻子往往动辄得咎。东汉鲍永以妻子在母亲面前叱狗而出妻;②南齐刘瓛因妻子在壁上凿孔时,不慎将壁土洒落在母亲身上,引起母亲

---

① (清)王聘珍:《大戴礼记解诂》卷一三《本命篇》,北京:中华书局,1992年,页255。

② (汉)刘珍:《东观汉记》卷一四《鲍永传》,郑州:中州古籍出版社,1987年,页551。

不悦而出妻。① 这两个例子恰好可以看出，女性为母的身份，在其子嗣长成主家后，相当尊贵有威严。但在此之前，妇人在夫家的地位则十分没有保障。

汉律中是否有“七出”之条今不可考。② 妇人以犯“七去”而出者，于史传中随处可见，学者已有详论。③ 然而某些例子也显示，妇人有这七种行为之一仍未见被出，学者研究认为：“‘七出’原本于礼，可行可不行，虽然于礼可出，未必即应出也。”④而亦有在“七去”条件之外出妻的事例，“要之，凡其行为有碍伦常礼法者，皆得以为出妻之由，‘七出’不过是其较具体化者而已”⑤。依礼可出而未出，礼不言出而出之，决定的主动权皆掌握在男方家庭。另一方面，虽然于礼法无据，汉魏时期亦多有妇人主动弃夫而去者，可见实际上妇人尚有一定的自主权。然而女子弃夫多由家贫，于伦常礼法较无关联；丈夫出妻则强调礼法观念，确立夫权。二者有本质上的差异。⑥ 至迟于唐律中，已将“七出”定为夫妻离绝的要件，成为正式的法律规定，同时于法律中对妻妾擅离其夫者加以惩罚，禁绝了女性主动的离绝。⑦因此礼法上，将夫妻离绝的权利单方面赋予男方，虽有“七去”之条规范出妻的理由，但何种行为及轻重程度即是犯了“七去”却十分不明确，男方家庭可自由引用判断，对妇女十分不利。

礼法上，妇人的出处命运操之于人，母若为父所出，即成为他族

① (梁)萧子显：《南齐书》卷三九《刘瓛传》，北京：中华书局，1995 年，页 679。
② 程树德云：“按唐律户婚，虽犯七出，有三不去而出之者，杖一百。疏义，七出者依令，疑汉当亦同是，七弃三不去之文，皆载于汉令，今不可考矣。”见程树德：《九朝律考》卷一，台北：台湾商务印书馆，1965 年，页 141。
③ 见刘增贵：《汉代婚姻制度》，台北：华世出版社，1980 年，页 22—23。
④ 刘增贵：《汉代婚姻制度》，页 40，注释第 115。
⑤ 刘增贵：《汉代婚姻制度》，页 23。
⑥ 参考刘增贵：《汉代婚姻制度》，页 24。
⑦ (唐)长孙无忌等：《唐律疏议》卷一四《户婚》，北京：中华书局，1993 年，页 267—269。

之人,所有夫族成员皆不再为此女性服丧,但此女之亲生子犹可为母亲服齐衰期之丧,盖“父与母义合有绝道,母子至亲无绝道”①。以母子之间天然的血缘关系不可断绝而制服。汉晋之间关于子为出母服丧的争论多围绕于此出母是否为亲生母亲,如郑玄答赵商问“子为出继母服”;②徐邈答刘闰之问“庶子服出嫡母”,皆一再强调,出母非其生母则子不服丧。③ 礼经言“出妻之子”是否包含妾子为其出母,实有可疑之处。元代礼学家敖继公云:“若妾子之为其出母,或有不然者,非达礼也。”④认为凡是生母被出,不分嫡庶,子皆得服齐衰期。然而儿子因为母亲已绝族之故,原本应为母系亲属服丧者,子皆不再服丧。

子为出母服虽然是基于母子血缘而制服,却还有一条限制凌驾于血缘之上。如果子的身份是“为父后”,继祖祢之正体,代表了一家的尊严,那么对于得罪于父、而成为他族之人的出母便不得服丧。母子血缘原本无可断绝,然而,礼制的规范显然将“尊祖敬宗”的原则置于“母子至亲”之上。

“尊祖敬宗”的精神亦彰显在子出为人后的服丧中。《仪礼·丧服》中描述的立后情况是以大宗收族,不得无后,故族人选同宗支子后大宗。⑤ 贾疏云:“支子,第二以下庶子也。”⑥礼制规定大宗若无子必须立后,而同宗第二以下庶子有后大宗的资格。支子过继大宗为后,便成为大宗之嫡嗣,承受了宗庙之重,需以尊服服之。所以子出继为人后,齐斩之重皆移于所后之父母,为所后之家族服丧若子。而且既为大宗之后,本生父母反成为小宗,大宗以尊降其小宗,有降

---

① 贾公彦《疏》,见《仪礼注疏》卷三〇《丧服》,页7b。
② 见《通典》卷九四《礼典五十四》“为出继母不服议”条,页2549。
③ 见《通典》卷九四《礼典五十四》“庶子父在为出嫡母服议”条,页2546。
④ 参见胡培翚:《仪礼正义》卷二二《丧服二》,页1402。
⑤ 见《仪礼注疏》卷二九《丧服》,页4b。
⑥《仪礼注疏》卷二九《丧服》,页4b。

服之义。故为人后者以“尊祖敬宗”的精神，降服本生父母，显示所谓的“家族公义”重于血缘“私情”。秦汉以降，小宗无子亦立后，①“尊祖敬宗”的精神随着立后制度的普遍施行而深入每一个父系家庭。

第(11)条规范，子出为人后为本生父母服制相同，可能因为生父于子已无至尊之义，故不再以父尊厌降生母之服。此处子为本生父母皆服齐衰期，应是指父亲与嫡(生)母。若是庶子出为人后、为所生母制服，可能应配合其原来为庶生母的服丧变化，再依据出后为本生家庭制服降一等的原则；或者比照庶子为父后，一律为庶生母服缌麻三月。

第三节　非亲生母子的服丧规范分析

在传统中国家庭中，有“母亲”之名者，除了上一节所讨论的生母，许多母亲与儿子并无血缘关系，但彼此却须依母子关系所要求的人伦规范相待。本节所要讨论的便是这些没有生身关系的母子依据何种理由缔结母子名分；于丧服制度中又被安排在什么位置；比于亲生母子，在礼法上的亲疏关系有何不同。在进行讨论之前，同样先将《仪礼·丧服》中非亲生母子的服丧规范作一整理，如下所列：

(1)“为人后者，为所后者之妻(父卒，齐衰三年。父在，齐衰期)若子。”

(2)“继母如母(父卒，齐衰三年；父在，齐衰期)。传曰：继母何以如母？继母之配父，与因母同，故孝子不敢殊也。”

(3)“父卒，继母嫁，从为之服(齐衰杖期)，报。传曰：何以

① 徐乾学语，引自胡培翚：《仪礼正义》卷二二《丧服二》，页1424。

期也?贵终也。”

(4)“慈母如母(父卒,齐衰三年;父在,士阶层齐衰期,大夫阶层大功九月)。传曰:慈母者何也?传曰:妾之无子者,妾子之无母者,父命妾曰:女以为子。命子曰:女以为母。若是则生养之,终其身如母,死则丧之三年如母。贵父之命也。”

(5)“君子子为庶母慈己者(小功五月)。传曰:君子子者,贵人之子也。为庶母何以小功也?以慈己加也。”

(6)“士为庶母(缌麻三月)。传曰:何以缌也?以名服也。大夫以上,为庶母无服。”

(7)“大夫之妾为君之庶子(大功九月)。传曰:何以大功也?妾为君之党服,得与女君同。”

与子没有生身关系的家内女性,或因配父,或由父命,或以母名称谓而受子之制服。其服丧轻重,与亲生母子相较,最重亦是齐衰三年,最轻无服,似乎没有太大分别,理由何在?以下为了便于讨论,将母亲身份按嫡庶分别,依次讨论子为继母、嫡母、所后母服,以及子为慈母、庶母慈己者、庶母服;分析制服的依据以及服制变化的理由,以了解父系家庭如何安排没有血缘关系的母子名分。

(一)子为继母、嫡母、所后母服

继母与继子并没有生身血缘关系,然而礼制却规范“继母如母”,父卒为继母服齐衰三年。如此重服似易引人生疑,故传文进一步解释:“继母之配父,与因母同,故孝子不敢殊也。”郑玄注曰:“因,犹亲也。”①贾公彦疏云:“继母配父,即是牉合之义,既与己母无别,故孝

①《仪礼注疏》卷三〇《丧服》,页6b。

子不敢殊异之也。”①夫妻方有牉合之义，②故继母必为父亲的继嫡妻。“继母如母”以配父之故，其身份等同于嫡母而当受人子最大的尊重，可见母子关系的成立深受母亲与父亲关系的影响。继母身份同于嫡母，以下先解释嫡母在家内的地位。

父为家中之至尊，嫡母便是亚尊，嫡母是家内众母中身份地位最尊贵者。嫡母即是父的嫡妻，与父亲有牉合之义，作为一家的主妇，与夫共奉粢盛，助奠宗庙，其尊卑荣辱与夫一体相随。上一节曾讨论嫡母为长子服三年，嫡母为众子服期，大夫以上阶层，嫡母为众子降服；嫡母为子制服的变化，不分亲生与否，皆是母道从于父道的展现。因此即使嫡母与子没有血缘关系，仍因夫为父，妻便为母，夫之子皆为己子，而有母子关系存在；且从服丧的规范观之，嫡母为亲生子服丧，和为庶子服丧并无差别，显示礼制以为嫡母对己子、庶子皆应该以母道待之，亲爱无别。

嫡母早卒或被父所出，父亲再娶之妻即成为家庭新的嫡母，称为继母。前嫡母之子必须视继母如亲母，庶子也必须以嫡母之礼敬事之，为继母服重丧。我们在上一节曾提过庶子为生母服有特别厌降的情况，因此庶子为嫡（继）母服丧，便有高过于为其生母服的服制出现，显示就礼制而言，庶子对嫡（继）母应该比生母更加尊重。继母为嫡，所生之子也是嫡子，但不影响其他嫡子的身份地位。继母既如嫡母，其与诸子的母子关系同样是从夫而来，继母为长子服重、为众子服轻，皆从夫制服，与是否由己所生无关。

同样以嫡母身份受子服重的还有所后母。上一节曾提及子出为人后，以“尊祖敬宗”之故，为本生父母降服一等，斩齐之重则移于所后父母。《丧服·斩衰三年章》云：“为人后者（为所后之父）。……传曰：何以三年也？受重者必以尊服服之。……为所后者之祖父母、

① 《仪礼注疏》卷三〇《丧服》，页6b。

② 《丧服传》曰：“夫妻牉合也。”见《仪礼注疏》卷三〇《丧服》，页8a。

妻、妻之父母、昆弟、昆弟之子，若子。”①郑玄注云：“若子者，为所为后之亲如亲子。”②因此为人后者以“家族公义”之故，改变自己所从属的家族和宗法身份，在所后家族中成为长子，肩负传承祭祀之责。出继为后之子对于所后者的亲人，必须皆如亲子一般服丧，因此对所后者之妻，便以嫡母、亲母待之，而以重服服之，所后母为长子也以齐衰三年重服尊之。

嫡母、继母、所后母，皆以配父的身份而受子重服；“配父之义”若不存，母与子是否仍以母子之道相待？我们在上一节曾讨论生母被出，子仍为之服丧；非生身关系之母子则无此制。但礼无服嫁母之文，却有继母嫁应如何服丧的规范。第(3)条：“父卒，继母嫁，从为之服，报。传曰：何以期也？贵终也。”继母因配父而如母，改嫁则成他族之人，失配父之义，继子何以服齐衰期？后代礼学家对这段经传文字有相当歧异的解释。马融曰：“继母为己父三年丧，礼毕，嫁后夫，重成母道，故随为之服。继母不终己父三年丧，则不服也。”③以为传云“贵终”，指继母为父终服三年丧；易言之，子为嫁继母服丧的条件，端视此母是否为父服三年丧。郑玄注曰：“尝为母子，贵终其恩也。”④以为“贵终”是指终全母子之道，而不论嫁继母是否为己父服毕三年之丧。马、郑所主张的服丧理由虽然不同，但经文“从为之服”的“从”字皆以虚字赘文训之。魏王肃则有完全不同的解读。王肃云：“从乎继母而寄育，则为服，不从则不服。”⑤将“从为之服”断为“从，为之服”，“从”字不但有意义，而且是服丧的关键条件，以为子从继母改嫁、受抚育之恩，因此为嫁继母制服。

后代礼学家的解释大致不离郑、王之说。郑说以终始母子之道

①《仪礼注疏》卷三〇《丧服》，页4b。
②《仪礼注疏》卷三〇《丧服》，页4b。
③《通典》卷八九《礼典四十九》“齐缞杖周”条，页2452。
④《通典》卷八九《礼典四十九》“齐缞杖周”条，页2452。
⑤《通典》卷八九《礼典四十九》“齐缞杖周”条，页2452。

立论，不设定其他的服丧条件，如此则继母始因配父而如母，然而母子之道却不随父卒他嫁而消失；王说考虑父卒之后，继母于己是否有寄育的恩情，显然以为父卒、继母他嫁即终止配父之义，而别以抚育之恩为制服理据，强调实际的恩情。刘宋崔凯以为："齐衰三年章'继母如母'，则当终始与母同，不得随嫁乃服，不随则不服，如此则不成如母。"①而同时代之庾蔚之则云："王顺经文，郑附传说。王即情易安，于传亦无碍。"②崔主郑说，庾赞王说，似乎直至六朝，为嫁继母服如何解释，依然是郑、王之说并传而行，难以定论。

嫡母、继母、所后母以"配父之义"为家中母辈最尊者，受子尊重。父卒，子为其服齐衰三年之重丧，与为亲母无异；且在大夫以上阶层，其服重于庶子为其生母之服，在嫡庶尊卑的加强下，凌驾血缘联系之上。母子关系从父而来，且尊敬过于所生，可见在礼制的规范中，母子名分及人伦相待之道深受夫妻关系及父子关系所影响，"父至尊"及"嫡庶之辨"的原则往往凌驾于血缘联系之上。可是生身之情仍有其无法取代的意义，礼制中只有亲生子可为出母服丧；另外，子为生母之党服为"属从"，母殁，子仍为母党有服；③子为嫡母、继母之党服为"徒从"，嫡、继母殁就不再服其党。④ 可见礼制中仍将亲生母子人伦视为比其他母子关系亲密，只是并非礼制强调的重点，若不互相仔细比较，便不易察觉。

---

①《通典》卷九四《礼典五十四》"为父后为嫁母及继母嫁服议"条，页2549。

②《通典》卷九四《礼典五十四》"为父后为嫁母及继母嫁服议"条，页2549。

③ 为亲生母亲之亲党服丧虽为"属从"，但有两个例外：一是若母被出，则子不服生母之党，改服继母之党，见《礼记正义》卷五七《服问第三十六》，页430c。二是若庶子为后者，则不服庶生母之党，见《仪礼注疏》卷三四《丧服》，页21a。

④《礼记正义》卷三三《丧服小记》云："君母卒，则不为君母之党服。"页271b。如果生母死后有继母，服生母之党，不服继母之党。见《礼记正义》卷五七《服问第三十六》，页430c。

(二) 子为慈母、庶母慈己者及庶母服

子为非生身关系之父妾服丧凡三:一在《丧服·齐衰三年章》为慈母[见第(4)条],二在《丧服·小功五月章》为庶母慈己者[见第(5)条],三在《丧服·缌麻三月章》为庶母[见第(6)条]。子与父妾没有生身血缘关系,服制变化却有最重服齐衰三年,最轻无服的差距,可见礼制上其关系亲疏有其他的左右因素。为了了解子与父妾在家内的人伦关系,我们从子与庶母之间如何服丧开始分析,作为讨论其人伦关系变化的基础。

依礼,子为父妾应如何服丧?第(6)条:"士为庶母(缌麻三月)。传曰:何以缌也?以名服也。大夫以上,为庶母无服。"规定子为庶母服丧之礼仅行之于士阶层。何谓以名服?马融注曰:"以有母名,为之服缌也。"①庶母既因母名而有服,何以大夫以上为庶母无服?贾公彦疏云:"以其降,故无服。"②大夫以上身份尊贵,不为贱妾服丧,故其子亦不为父妾服丧。而士为庶母服五服中最轻之缌麻三月,可见其人伦关系亦相当疏远。

然而父妾对君之子必须服丧。第(7)条:"大夫之妾为君之庶子(大功九月)。传曰:何以大功也?妾为君之党服,得与女君同。"郑注云:"妾为君之长子亦三年。自为其子期,异于女君也。士之妾,为君之众子亦期。"③大夫以上,君之子为庶母无服,庶母却须从于女君为君党服丧,为君之长子服齐衰三年,庶子服大功九月。对大夫之妾而言,除了亲生子,君之子与己,并无母子关系而皆是君党,彼虽子辈,己虽有母名,然彼之身份却尊贵于己。士妾为君之子服丧,亦远高于

---

①《通典》卷九二《礼典五十二》"缌麻成人服三月"条,页2510。

②《仪礼注疏》卷三三《丧服》,页18b。

③《仪礼注疏》卷三二《丧服》,页15a。

君之子为妾之制服。从妾与君之子的服丧规范，可见妾在礼法上地位之低贱，庶母虽有母名，却没有母辈的尊严。故严格来说，妾与君之子并没有母子关系存在。然而若是有“父命”或养育之恩，妾与君之子的人伦关系便因此变得更密切。

第(4)条《丧服·齐衰三年章》云：“慈母如母。”何谓慈母？慈母何以如母？观经传之解释，慈母子关系纯粹由“父命”而来。其条件是：有父妾无子，有妾子无母，父命二者为母子，于是，生则子奉养如亲母，父卒，子亦为慈母服丧三年，如为己之亲母。由此可知，只有父妾才能够借由“父命”成为慈母，而只有无母的庶子可以遵“父命”认父妾为慈母。若是嫡母，则所有的妾子皆是其子，不须待“父命”支配；而嫡妻之子为嫡子，父亲不可命为妾子。① 可见即使是“父命”亦不得违反嫡庶贵贱的分别。郑玄《注》云：

> 此主谓大夫、士之妾，妾子之无母，父命为母子者也。其使养之，不命为母子，则亦服庶母慈己者之服，可也。大夫之妾子，父在为母大功，则士之妾子，为母期矣。父卒则皆得伸也。②

郑玄以为慈母子关系仅发生在大夫、士阶层之妾与庶子之间。因为诸侯阶层，父卒，庶子为生母仅有大功之服，不得三年，③故父卒，子为慈母三年，必不发生于诸侯。大夫、士阶层，父卒，庶子为生母皆得伸三年；故慈母如母者，谓大夫、士阶层之妾与庶子受父命，相待如亲生母子也。慈母子关系是因父亲命为母子而缔结，子为慈母服三年重丧是因为“贵父之命”；郑玄特别假设若庶母有养育之恩而父不命为母子，则子仅得服庶母慈己者之服，厘清“慈母如母”不由母子养育

① 据胡培翚按语，见氏撰《仪礼正义》卷二二《丧服二》，页1388。
②《仪礼注疏》卷三〇《丧服》，页6b。
③ 见《仪礼注疏》卷三二《丧服》，页14b。

恩情而立。慈母虽云如母,但慈母不世祭,仅止于受父命为其子者终其身奉亡慈母之祭,其后子孙皆不祭。① 子为慈母之党无服。② 可见慈母与庶子皆仅以一身受命为母子,子不以慈母之亲党为己之亲属,二人的母子关系随身而止,慈母不似亲母或嫡、继母可在家族中享有子孙绵长祭祀。

子为庶母服的规范还有一条"为庶母慈己者"。何谓"庶母慈己者?"第(5)条:"君子子为庶母慈己者(小功五月)。传曰:君子子者,贵人之子也。为庶母何以小功也? 以慈加己也。"马融曰:"贵人者,嫡夫人也。"③郑玄注云:"君子子者,大夫及公子之嫡妻子。"④二人皆以为此条是为嫡妻之子受庶母养育者而制。前文已说明父亲不可命嫡妻之子为妾子,然而由此条观之,庶母可以慈养嫡子,因有慈己之恩,故嫡子为其加服小功,是故,此恩系之于子,不由于父。关于子为庶母慈己者加服小功,应行于何阶层,得以慈养嫡子的庶母是否有特殊的身份限定,此制行于父在或父殁,都成为后代礼学家争论不休的问题。引起最多争议的是郑玄此段注引《礼记·内则》,将"庶母慈己"比于国君、大夫养子之礼中的慈母、食母。⑤ 清胡培翚比较各家之说解释为庶母慈己条,以为:

> 此条之意,当以《齐衰三年章》"慈母如母"条为比附,不必以《内则》慈母食母为比附。盖此两条,皆谓大夫之子无母者。彼妾子无母使他妾养之,命为母子,则服三年,所谓贵父命也。此嫡子无母,使妾养之,不得命妾为母,而其慈养之恩不可没,故不云慈母,而云庶母慈己者,而特制为小功之服。其妾子之无母,

---

① 见《礼记正义》卷三三《丧服小记第十五》,页273a。

② 见《礼记正义》卷三三《丧服小记十五》,页272a。

③《通典》卷九二《礼典五十二》"小功成人服五月"条,页2504。

④《仪礼注疏》卷三三《丧服》,页17b。

⑤ 见胡培翚:《仪礼正义》卷二四《丧服四》,页1549—1553。

> 养于他妾而未命为母子者，服亦如之。是皆以其为庶母，而又有慈己之恩，故加以此服也。……若《内则》之三母，是平日养子之法，非无母而使之养，且有选于傅姆之中，不必尽为庶母者，亦与此条名实不符。①

由胡培翚的解释，可知“慈母如母”与“庶母慈己”皆因子无母而为庶母所慈养，前者贵父命为母子，故为服三年；后者虽无父命但以慈养之恩不可没，特制为小功。《礼记·内则》所记为平日养子之礼，与“庶母慈己”之意实差之千里。总之，本条是以子无母，受庶母鞠养而制服，其加服本于养育之恩。子无母而受他母扶养，彼此情感亲如母子亦可想而知，然而终因未有“父命”，或生母为嫡母，故服丧远轻于“慈母如母”，换言之在礼法上亦不具备正式的母子关系。

总结以上的讨论，我们可以发现非亲生母子关系的缔结深受“配父之义”及“父命”支配。一家之内，父亲的妻子，就是儿子的母亲，得受子为母亲应服的最重丧服。换言之，嫡妻的身份保证其为嫡母的地位，而嫡母是众母中地位最尊者。因此中国父系家族在礼制上对母子关系的安排有利于嫡妻，妻因夫而贵，若嫡妻没有生育子嗣，而他妾有子，嫡妻同样可分享母亲的身份。庶母与子的人伦关系则极为淡薄，并没有母子关系存在，但“父命”同样可在特定条件下使其变成母子，同样的情境如果没有“父命”，即使恩情等同亦无法成立母子关系。因此父系家族中母子关系的建立，除了生身血缘，最大的建构力量便是来自父亲，没有生身关系却能成立母子关系者，皆是因此母配父的身份或父亲的意志而缔结，母与子必须借由父亲为桥梁来建立母子名分。在这个意义上，所谓母亲的身份实附属于父亲。

---

① 胡培翚：《仪礼正义》卷二四《丧服四》，页1553。

结　论

古人借由丧服的轻重与丧期的久暂,表现生者与死者的情分与人伦关系,这套丧服制度是以“五世则迁”的小宗为主要服丧范围,其中,大功之亲为同居共财的界限。亲者隆而疏者杀,这是制服的基本原则,但丧服制度与宗法制度关系密切,其中“尊祖敬宗”“父系继嗣”“嫡庶之辨”等宗法精神亦深深影响丧服礼制。因此,借由丧服所表现的人际关系并非其直接的、私己的亲属关系,或是现实生活中人际互动的亲疏实态,而是考量了整个人伦体系相对的身份尊卑,与他人的身份互相牵动调节后的、社会性的网络关系。

由《仪礼・丧服》经传的整理,我们可以看出,父、母、子三者形成的人伦关系在家庭中的秩序阶序。父母同为“亲亲”之首,然而父为家长,代表祖祢正体,与子有“继体”的关系;母子关系往往受“父至尊”与“尊祖敬宗”的限制,而低于父子关系所代表的家统。为了凸显父亲在家内至尊的地位,儿子必须随父亲的存殁而屈伸母服。出母绝族,子犹制服齐衰期,所据是“母子至亲”;然而子的身份若为父亲的继承人,则为出母无服,至亲犹如路人。妾母庶子之服更加重身份尊卑之分别,呈现父亲爵位愈高,则庶子为生母服丧愈轻的情形,甚至出现母为子服丧重于子服母的服制,背离了母为子之私尊的人伦原则。庶子的身份若是“为父后”,尤其压抑为庶生母服,其目的似有意借由服丧,提醒“为父后”身份之尊贵,庶生母身份之卑贱,压制庶生母“母以子贵”的可能。

父亲为家内至尊,母亲为儿子的私尊;子为父后,继承家统,也成为家内至尊,子为至尊与母为子之私尊,二者存在难解的矛盾,而礼制的规范显然义无反顾地坚持父系至尊的原则,因此母子关系的压抑便成为丧服礼制中一个突出的现象。

母子之间的服丧规范中，“亲亲”的原则被冲淡许多，父亲的爵位，母亲的嫡庶身份，子的宗法身份交互作用，丧服制度中呈现的母子人伦关系与最直接的生身之义差距甚大。事实上《仪礼·丧服》中的母子名分有不同来源，母子关系的缔结不全由血缘。“继母如母”，继母本于“配父之义”，继子必须对待原本毫无关系之人，如自己的亲母；“慈母如母”，父命可以安排家内无子妾媵与无母庶子成为母子。从母子间的服丧来看，不论亲生或非亲生，最重皆为齐衰三年，但生母有出母之服，继母有继嫁之服，慈母若或出或嫁，则无服，似乎还是有隐微的差别。若从子为母党服丧的情形观之，子服生母之党为“属从”，服嫡母、继母之党则为“徒从”，且子不服慈母之党。显示亲生母子人伦仍与其他定义下的母子人伦有着亲疏之别。然而，若是生母被出，则子服出母，不为母党服丧；子为父后，连出母也不服；庶子为父后，亦不服庶生母之党。归结到底，父系礼制将“尊祖敬宗”视为“家族公义”，必须坚持维护；而母子之间的情义，却被定位为“私情”，可以为“公义”牺牲。因此，礼制中屡见“家族公义”凌驾于“母子私情”之上，成为安排母子服丧的最高原则。

丧服礼制对母子关系的界定，成为传统中国母子人伦的基本框架。在家庭中，父尊于母，嫡母尊于庶母；母尊于子，庶子为父后却又尊于庶生母；父亲有权解除母子关系，也可以建立母子关系；“尊祖敬宗”“贵嫡贱庶”也对母子人伦产生重大的影响。父系制度的框架在许多方面限制了母子关系的可能性，但是人与人之间由生活互动所培养的经验和感情，恐怕并不是制度能够完全掌控的。礼制的规范不能等同于现实的状况，此制度所表现的家族秩序，可说是儒者的理想，未可视为先秦普遍实行的礼仪。学者或谓：“到了汉代，儒家的思想得势，丧服制度乃逐渐推行。终于在制度法律、公私生活等方面，影响中国达二千年之久。”①这样的说法值得商榷，其实理想与现实

---

① 参考章景明：《先秦丧服制度考》，页18—30。

之间往往有一道鸿沟,何况秦汉以降的家庭形态和先秦的封建家庭有着相当大的差距。在礼制落实的过程中,丧服制度并非一"静止"的规范,而必须时时回应时代人伦的需求。

利用丧服制度维持人伦秩序,当某种违礼的行为一再出现,便意味着理想秩序与现实人伦存在不对称的关系。魏晋时期留下大量有关丧服实践的讨论,正好提供一个检视礼制与现实人情能否配合、如何折中的例证。魏晋时期的孝子如何实践为母服丧?礼学家如何诠释礼制?母子服丧的规范有何发展?将在第三章予以讨论。

第三章　孝子观点下的为母服丧

上一章讨论了《仪礼·丧服》经传中，母子之间服丧的规范，并分析其背后蕴含的父系本位原则。礼制的理想是维持以父系为主轴的家内人伦秩序，“母子至亲”在面对“父至尊”与“尊祖敬宗”时，必须受到压抑，以厌降母恩来凸显父尊。然而魏晋时期，关于孝子如何实践为母服丧，出现许多争议和讨论，凸显出礼经的规范与现实中母子关系亲疏之落差。

本章以魏晋时期孝子为母亲服丧为主轴，讨论礼制规范在现实实践中产生的争议及时人的回应。本章的“孝子”不仅指服孝之子，还包含孝顺之子的含义，儿子借由为母服重丧展现儿子对母亲的孝思。笔者主要从三个主题讨论：一、庶子为生母服丧；二、子为出母服丧；三、子为嫁母服丧。前两项在《仪礼·丧服》中受到特别的压抑，上一章已经详论。而史料中与此相关的服丧争议也特别多，其现象多是子欲为母服重丧，而引起是否违礼的讨论，显示礼制对母恩的压抑，可能于人情上有所不足。第三项“子为嫁母服丧”，其规范不见于礼经，而在汉晋之间逐渐发展形成，可作为魏晋礼制顺应人情发展的示例。

第一节讨论魏晋间庶子为庶生母服重丧的争议，分析主张服重与服轻两造如何立论、主要的争议点为何，以及东晋以降孝子为庶生母服重风气的发展。庶子为生母服重的现象与议礼，留下的资料比较多，且相关礼制的发展具有明显趋向，值得特别注意。第二节讨论魏晋间孝子为出母服的议礼。子为出母服的争议，揭露出母子的往来互动,无法借由服丧彰显,孝子借由诠释父命与礼经,自作主张调整服丧,冲击礼制中的父系原则。第三节讨论汉晋间为嫁母服,以及同母异父兄弟服的发展。《仪礼·丧服》经传并无规范孝子为嫁母如何制服,然而汉魏以来一直有相关的讨论。礼学家们推衍礼经内容为嫁母服定制,引出各种诠释礼经的角度,牵涉到如何界定嫁母与家族、父、子的关系。这些讨论反映时人欲将现实中存在的子与嫁母的人伦关系纳入礼制体系中,示范了礼制缘人情而发展的过程。同母异父服亦不在《仪礼·丧服》的规范中,汉晋之间屡有讨论,从其发展亦可见人情所重何在。

笔者尝试借由孝子的服丧行为及时人的回应,勾勒母子人伦与礼制规范有何落差、如何调和折中?孝子观点下的为母服丧反映出怎样的母子关系?从经典落实到日用规范的过程中,魏晋时人面对那些情礼问题?他们如何借由诠释经典来回应社会、家族与个人的人伦需求?

第一节　魏晋时期庶子为生母服丧的变革

在《仪礼·丧服》的规范中,庶子为生母服受到"家族公义"特别多的限制。士阶层为庶生母服丧的限制比较少,基本上,士庶子为生母服与众人无异:父卒,为庶生母服三年,父在,服一年;然而庶子若为父后,依然仅能为生母服缌麻三月。封建时代的贵族之礼,自秦汉以降逐渐普及到编户齐民的社会,所通行的便是士礼。东晋贺隰云:"时人所行,皆是士礼。"①徐邈云:"汉魏以来,通用士礼。"②皆可为

①《通典》卷九四《礼典五十四》"士为所生母服议"条,页2545。
②《通典》卷九四《礼典五十四》"士为所生母服议"条,页2546。

证。因此皇室、公侯以外的家庭，庶子为生母，皆可依士礼行服，不须更加厌降。

于礼，士庶子为生母服丧，不因父亲的身份再加厌降，因此在服丧实践的过程中，服重、服轻的争议较少。然而魏晋时人却有嫡母尚存，不知如何为庶生母制服的困惑，反映了尊父之外，庶生母受嫡母压抑的情况。《通典》载：

> 解遂问司徒蔡谟曰："庶子丧所生，嫡母尚存，不知制服轻重？"答云："士之妾子服其母，与凡人丧母同。"①
>
> 钟陵胡澹所生母丧，自嫡兄承统而嫡母存，疑不得三年，问范宣。答曰："按礼，由命士以上，父子异宫……庶子有母之丧，自居其室而遂其情。……嫡母虽贵，然厌降之制，父所不及，妇人无专制之事，岂得引父为比而屈降支子也。"②

魏晋时人在服丧的过程中，不知如何履行丧服而有疑，显示对于丧服礼制的规范细节，一般士人可能并不十分清楚；但是向礼学家询问的举动，亦代表"依礼行服"可能已是针对士人普遍的要求。礼议问答的过程一方面是礼制的建构过程，另一方面也是上层思想文化向下控制、下层文化向上渗透的过程。引文中的两个例子，皆因嫡母尚存，而不知庶子为庶生母当如何制服。《仪礼·丧服》经传中，以士身份低贱，不降士庶子为庶生母服，并未提及嫡母存殁的问题。礼经未言，而行事者却疑于以嫡母之贵将厌降庶生母，可见"贵嫡贱庶"的观念在家庭伦常中起着不可忽视的作用。礼法上，嫡母在家中的地位远凌驾于妾母之上，庶子对嫡母必须特别敬奉，可能因此怀疑嫡母是否厌降妾母。

① 《通典》卷九四《礼典五十四》"士为所生母服议"条，页2545。
② 《通典》卷九四《礼典五十四》"士为所生母服议"条，页2545。

庶子的身份不论是否为父后,礼学家的回答皆认为,庶子为庶生母服丧不受嫡母厌降。范宣的答复一方面说明了礼制的尊父特质,另一方面也指明妇人在家中的地位,即使贵为嫡母,仍"无专制之道",不可与父尊同比。一问一答间,揭示了女性在父系家族的人伦秩序中,只宜"从人",不得自专的原则。女性在夫家既然必须"从夫、从子",丈夫的爱宠与儿子的成就,便可能成为女性提升自己在父系家族地位的主要管道,而在一妻多妾的竞争环境下,生养子嗣、"母以子贵",也许是比较可行的方式。"嫡庶之辨"及"母以子贵"对母子关系的影响,第四章会有更详细的讨论。

魏晋时期,士庶子为庶生母服丧的讨论不多,但皇室、诸王之庶子如何为庶生母服丧,却是常常引起争议的议礼主题。无可讳言的是,史书中所记载的,大部分是统治阶层的人物和事迹;而正如第二章分析《仪礼·丧服》中,子为生母服的规范所见,庶子为生母服,特别受到尊卑贵贱的身份影响,在统治阶层也就特别容易出现这一类的争议,成为史传中突出的现象。争议来自于庶子不愿遵行礼制厌降的规定,自行为生母服重丧;而站在统治立场的朝廷,以礼教关乎上下秩序的建立,不容个人肆情违礼,于是在庙堂上展开一次又一次的求情与辩论,在礼制与情感的角力中,透露了庶生母子关系在现实人伦与理想秩序之间无法对称的情形。魏晋时人借由诠释经典,企图阻止或合理化违礼的行为,同时也强化或松动了父系家族的价值原则与人伦秩序。以下将讨论诸王传重为生母服的争议和发展。

(一) 司马昱与郑夫人的故事

东晋司马睿,本琅邪恭王司马觐之子,袭封琅邪王。西晋覆亡,司马睿即位是为元帝,于江左成立东晋政权,延续晋祚。① 元帝先后

① 见《晋书》卷六《元帝纪》,北京:中华书局,1991 年,页 143—149。

以子司马裒和司马焕继承琅邪王之封，嗣恭王后，但二子先后薨。永昌元年(322)，元帝继以少子司马昱为琅邪王，即后来之简文帝。①成帝咸和元年(326)，琅邪王司马昱之生母郑夫人薨，昱时年七岁，为生母制服重丧。有司以司马昱出继为恭王后，为所生服丧应降服，琅邪国臣未能匡正，奏免国相诸葛颐。② 琅邪王司马昱上表朝廷为己伸志曰：

> 亡母生临臣宫，没留臣第，臣虽出后，而上无所厌，则私情得伸。昔敬后崩时，孝王先出后，亦还服重。此则明比，臣所宪章也。③

司马昱出后琅邪恭王，而生母郑氏在元帝驾崩后，被封为建平国夫人。子虽出继，郑氏仍随子就琅邪国，全母子之道，而没于琅邪国第。司马昱认为自己虽然为人后，但父已卒，无所厌降，可伸母子之私情。他并举琅邪孝王为敬后服重之例，为自己的行为辩护。琅邪孝王即司马裒，与明帝俱为元帝宫人荀氏所生，因母出身卑贱，而由敬后虞氏扶养。虞氏薨于永嘉六年(312)，无子，④当时司马裒出继为叔父长乐亭侯司马浑之后，⑤却仍为虞氏服

① 见《晋书》卷六四《元四王传》，页 1725—1726、1729—1731。

② 见《晋书》卷三二《后妃传》下，页 979—980。

③《通典》卷八二《礼典四十二》“诸王出后降本父母及所生母服议”条，页 2230。又《晋书》卷三二《后妃传》下“简文宣郑太后”亦载此事，而文字略有出入，页 979—980。

④《晋书》卷三二《后妃传》下，页 971。

⑤《晋书》卷六四《元四王传》载司马裒“初继叔父长乐亭侯浑……及(元)帝为晋王……更封裒琅邪，嗣恭王后”(页 1725)；据此可知，司马裒曾经先后出继长乐亭侯与琅邪王。又根据《元帝纪》，司马裒出继琅邪恭王的时间，约在建武元年(317)(页 145)。司马昱追述司马裒为敬后服重，此时司马裒的身份系长乐亭侯司马浑之后嗣。

重丧。①

司马昱举孝王之例,是以孝王同样出继为人后,于礼,对于本生家庭的丧服应降一等,却仍为本生家庭之母服重丧,取其“不降”之行,为己之重服证成。但细究二者的情况,仍有差异:敬后为司马裒之嫡母,而郑夫人为司马昱之庶生母,母亲的身份不同,在服丧上应该有所区别。按礼,为人后为本生父母服期,父母并举,此母应是指嫡母。公之庶子父卒为生母服大功九月,出后再降一等,则为庶生母应是服小功五月。因此,原来按礼制规范,司马裒应为敬后服齐衰期,司马昱则应为郑夫人服小功五月。就服重的动机而言,司马裒非敬后所生,服重可能欲报母养之恩;郑夫人则为司马昱的生母,“生临臣(司马昱)宫,没留臣第”,母子始终相依。因此两人服重的动机与理由也不太相同。不过二人的行为,客观而言皆有违为人后之礼,司马裒为敬后服重是否受到争议,因缺乏史料只能存疑,不过敬后薨时,裒的父亲司马睿仍健在,裒为人子无自专之理,其服重可能经过父亲的同意。而司马昱的行为却被有司奏议,甚至要免除国相诸葛颐的官位,可见以朝廷的立场,并不容许庶子出后为所生母服重,何况是在没有父命的情况下。

有司的奏议与琅邪王的上疏,曾引起什么样的讨论,不得而知,但司马昱以七岁之龄,“号慕泣血,固请服重”,②结果,庾太后“不夺其志”,③改封司马昱为会稽王,解除了司马昱为人后的身份,并追封郑夫人为会稽太妃;改封成帝之同母弟司马岳(康帝)为琅邪王,嗣恭

---

① 按,司马裒为敬后服重一事,史传阙载,仅见于司马昱上成帝表。虽然,司马昱上表距司马裒为敬后服重一事已有14年,其事亦非司马昱亲身目睹,但是司马昱与司马裒为同父异母的兄弟,其追述兄长服丧应非凿空之言。

②《晋书》卷八《简文帝纪》,页219。

③《晋书》卷三二《后妃传》下“简文宣郑太后”,页980。又《晋书》卷九《简文帝纪》载:“成帝哀而许之。”考究其实,成帝当时年仅六岁,由皇太后临朝称制,允许司马昱伸其私情,应是皇太后的意思。

王后，解决了这一场天子庶子出为人后，为生母服重丧的争议。

衡诸东晋史传，诸侯王公欲为生母服重而遭到朝廷评议，最后得以遂情伸服者，唯有琅邪王司马昱为生母郑夫人。笔者以为郑夫人在皇室的地位，可能高于一般的嫔妃。《晋书·简文宣郑太后传》云：

> 简文宣郑太后讳阿春，河南荥阳人也。世为冠族。祖合，临济令。父恺，字祖元，安丰太守。后少孤，无兄弟，唯姊妹四人，后最长。先适渤海田氏，生一男而寡，依于舅濮阳吴氏。元帝为丞相，敬后先崩，将纳吴氏女为夫人。后及吴氏女并游后园，或见之，言于帝曰："郑氏女虽蓌，贤于吴氏远矣。"建武元年，纳为琅邪王夫人，甚有宠。后虽贵幸，而恒有忧色。帝问其故，对曰："妾有妹，中者已适长沙王褒，余二妹未有所适，恐姊为人妾，无复求者。"帝因从容谓刘隗曰："郑氏二妹，卿可为求佳对，使不失旧。"隗举其从子佣娶第三者，以小者适汉中李氏，皆得旧门。帝召王褒为尚书郎，以悦后意。后生琅邪悼王、简文帝、寻阳公主。帝称尊号，后虽为夫人，诏太子及东海、武陵王皆母事之。帝崩，后称建平国夫人。①

郑氏出身旧族，由婚嫁的对象及寡居后依于舅氏观之，可能由于世乱又无兄弟撑持门户，而家道中落。因缘际会，成为琅邪王的夫人，犹忧虑为妾的身份有辱家门，可见士族对妾的卑视。② 然而郑氏因受到元帝的爱宠，故两个妹妹的婚嫁都得到妥善的安排，妹夫也授予官职，可谓提升了一家的地位。夫人所生二皇子司马焕与司马昱亦因母氏有宠而"子以母贵"，《晋书·元四王传》载：

---

①《晋书》卷三二《后妃传》下，页 979。

② 刘增贵：《魏晋南北朝时代的妾》，《新史学》2:4，1991，页 16。

> 琅邪悼王焕字耀祖,母有宠,元帝特所钟爱。……及焕疾笃,帝为之彻膳,乃下诏封为琅邪王,嗣恭王后。俄而薨,年二岁。帝悼念无已,将葬,以焕既封列国,加以成人之礼,诏立凶门柏历,备吉凶仪服,营起陵园,功役甚众。……永昌元年(322),立焕母弟昱为琅邪王,即简文帝也。①

在东晋,因琅邪本元帝之宗国,琅邪王于诸王中地位最尊,非皇帝至亲不居其位,东晋多位继位之皇帝,都曾受封为琅邪王。② 司马焕于疾笃之时受封,尊宠的意味十分明显,司马昱之受封,应该亦缘于生母郑夫人之得宠。郑氏虽为夫人,由于敬后早卒,元帝诏命太子及诸皇子皆以母事之。故名分虽为妾,其地位实等之于嫡。可能由于郑夫人尊宠非常,明帝等又曾事之如母,故有司虽纠举司马昱为郑夫人服重丧违礼,而皇室却网开一面。另一方面,将司马昱改封为会稽王,代以成帝同母弟为琅邪王,亦可能着眼于琅邪王地位特殊,有实际的政治考量。

郑夫人地位的提升,并未随着身卒而结束。废帝时,桓温专政,有不臣之心,废帝被废,桓温授意崇德太后下诏,立司马昱为帝,即简文帝,在位三年即崩。③ 简文帝子司马曜继位,是为孝武帝。太元十九年(394),孝武帝欲追崇简文帝生母,事付礼官详正,尚书令王珣奏曰:

> 按太常臣(车)胤等议,以春秋之义,母以子贵,故仲子、成风咸称夫人。经云"考仲子之宫",明不配食也。且汉文、昭二太后,并系子号,宜远准《春秋》考宫之义,近摹二汉不配之典,尊号

---

①《晋书》卷六四《元四王传》,页1729—1731。

② 见《晋书》卷六四《元四王传》,页1731。

③ 见《晋书》卷九《简文帝纪》,页220;卷三二《后妃传》下"康献褚皇后传",页976;卷九八《桓温传》,页2577。

既正，宜改筑新庙。显崇尊称，则罔极之情申；别建寝庙，则严祢之道著；系子为称，兼明贵之所由：一举而三义以允，固哲王之高致。可如胤等议，追尊会稽太妃为“简文皇太后”也。①

母以子贵，祖母又以孙贵，郑氏由夫人而至太妃，最后追封为国母太后之尊。但毕竟非元帝嫡配，不得配食太庙，故别立庙以奉祀不绝。郑氏以没落旧门、寡居之妇为王妾，受宠于君，在家内尊重同之于嫡；子以母贵，二子受到皇父特别青睐，封为贵侯；母以子贵，子力求服重而追封为会稽太妃，为一国小君；子孙继位为帝，更成国母之尊，立庙享祀。子以母贵，母以子贵，郑氏的际遇可谓曲折而幸运。

（二）武陵王晞为所生母服丧议

司马昱得以为庶生母伸情服重，是东晋一个权变的特例——改变庶子出为人后的身份，追尊生母的封号，来消解违礼的因素。在东晋诸王中，像司马昱这样以庶子出为人后，或者为父后的身份，而欲为生母服重丧的情况屡屡出现，但这些事件得以被记载，总是因为带有违礼的争议性。司马昱的异母兄弟司马晞，生母为王才人。② 司马晞出继为武陵王司马喆之后，③其生母于东晋穆帝升平年间（357—361）丧，上表朝廷，乞为生母服齐衰三年。当时朝臣的讨论在《通典》中记载甚详。④ 笔者试分析这场武陵王为生母服丧的议礼，以见主张为庶生母服轻、服重两造如何立论，探究晋人从理（礼）论上如何定位庶生母子关系。

---

①《通典》卷七二《礼典三十二》“天子崇所生母”条，页 1974。
② 见《晋书》卷六四《元四王传》，页 1725。
③ 见《晋书》卷六四《元四王传》，页 1726。
④《通典》卷八二《礼典四十二》“诸王出后降本父母及所生母服议”条，页 2229—2230。

五位朝臣的议论,整理列表于下:①

人物	官职	制服主张	制服依据
孔恢	博士	小功五月	君卒,庶子为母服大功九月,出后再降一等。
谢奉	尚书	缌麻三月	庶子为后,为其母缌。
许穆	仓部郎	齐衰周	母以子贵;子出后降一等。
崧重	吏部郎	齐衰周	母以子贵;子出后降一等。
曹处道	祠部郎	缌麻三月	庶子为父后,为其母缌;为父后及为人后,义不异。

1. 制服齐衰期

许穆与崧重,皆主张司马晞应为庶生母制服齐衰期。理由有二:其一是"母以子贵"。许穆认为,母以子贵而受尊为夫人,"夫人、诸侯,班爵不殊","尊则礼行"。② 崧重则援引《春秋》史事,阐明"母以子贵":

> 庶子为君,母为夫人,薨卒赴告,皆以成礼,不行妾母之制,夫人成风是也。此则身为父后,服应缌麻,犹以子贵,得遂私情,经有明文,三传不贬,况于太宰(司马晞),贵同古例,不为父后者耶!③

《春秋左传》中,有庶子被立为国君,妾母随之提高地位,原本是

① 据《通典》卷八二《礼典四十二》"诸王出后降本父母及所生母服议"条,页2229—2230整理。

②《通典》卷八二《礼典四十二》"诸王出后降本父母及所生母服议"条,页2229—2230。

③《通典》卷八二《礼典四十二》"诸王出后降本父母及所生母服议"条,页2230。

媵妾，也可以成为正夫人，享有夫人之礼的尊荣。成风者，鲁庄公之妾，僖公之母，文公之祖母也。僖公立，尊为夫人，文公时薨，葬以小君之礼。①《春秋》的性质为史书，记载春秋时代列国政事之兴灭，战国时代列为六经之一，成为儒家经典，其地位与权威远高于其他史书。然而郑玄云："妾子立者得尊其母，礼未之有也。"②郑玄的说法并没有错，不论是《仪礼》、《礼记》或《周礼》，皆没有"母以子贵"的说法。《春秋》经传与《三礼》均被视为儒家的经典，然而二者的思想或有抵忤之处，使得后人得以各寻所好而援用比附。无论如何，《三礼》无文而《春秋》经传有其事，"成风之义"遂成为主张"母以子贵"者最常引用的典故。

许穆、崧重另一个制服的理由是子出为人后，应降服本生一等。许穆云："缘天然之恩，伸王子之厌，薄出礼之降，制服周可也。"③崧重则以为，司马晞为元皇之子，若"不出后，必受始封，服无厌降。出后降一等，复何嫌而不周乎？"④二者的意见，皆是依据"母以子贵"可伸情服重，再以子出为后降杀一等，故制服周。

2. 制服小功五月

博士孔恢以为，《礼》云："庶子为父后者，为其母缌。"又云："公之庶昆弟、大夫之庶子，为母九月。"显示《仪礼》中庶子为庶生母的服丧有两种规范。孔恢并未进一步考究礼制的两种规范对庶子的宗法身法有所区别。认为司马晞为庶生母求服三年可能过重，则"应从九月，无应从缌麻之理"，服丧于轻重之间，取其折中之道，再以出为人

---

① 杨伯峻编著：《春秋左传注》，北京：中华书局，1993 年，页 532—539。

②《通典》卷七二《礼典三十二》"天子崇所生母"条，页 1975。

③ 见《通典》卷八二《礼典四十二》"诸王出后降本父母及所生母服议"条，页 2230。

④ 见《通典》卷八二《礼典四十二》"诸王出后降本父母及所生母服议"条，页 2230。

后须降本生,认为"从九月亦降一等,应服小功五月"。①

3. 制服缌麻三月

尚书谢奉据礼,"庶子为后,为其母服缌"。但出后之制度"礼唯大宗,无继支属之制"。司马晞为天子庶子,出继诸侯,与礼制规定"后大宗"之义不合。但谢奉以为"太宰出后武陵,受命元皇,则纂承宗庙,策名有在",既受父命而出继,策名于宗庙,故仍合于出后之礼。认为以公废私,以义断恩,正是礼制足以节制人情,分明秩序的法则。主张"贵贱之礼既正,岂得不率礼而矫心。(司马晞)当依庶子为后之例,服缌而已"。②

祠部郎曹处道亦是依"庶子为父后"之礼,明言为父后与为人后,皆是与尊者一体,"其所生母,俱是私亲。为父后及为人后,义不异",故出为人后之司马晞,应为庶生母服缌麻三月。③ 谢奉与曹处道,都将"为后传重"视做"家族公义",而母子的恩情则贬为"私情",再次重申母子恩情应为父系家族的利益牺牲。

武陵王晞的身份是出为人后,但孔恢、谢奉、曹处道,皆以"庶子为父后"立论,似乎晋人对于子的身份及礼文的应用,为父后与为人后,并未严格殊分,更有如曹处道者,直言二者不异。虽然有些议礼者,如嵇重,分辨武陵王"不为父后者",但并非其议论的重点。

朝臣提出三种制服的主张,最后,皇帝下诏常侍"割喻太宰,从缌麻服制"。然而司马晞的回应却是不愿遵从王命,继续陈请朝廷,"累表至切",可见其欲为生母服重之心十分坚定;朝廷并未直接威吓强

---

① 见《通典》卷八二《礼典四十二》"诸王出后降本父母及所生母服议"条,页2229。

② 见《通典》卷八二《礼典四十二》"诸王出后降本父母及所生母服议"条,页2229。

③ 见《通典》卷八二《礼典四十二》"诸王出后降本父母及所生母服议"条,页2230。

逼,而是"又遣敦喻",谆谆劝勉,希望司马晞服从王命。最后司马晞"不敢执遂私怀,以阙王宪,乃制大功之服"。朝廷下诏应服缌麻,司马晞却自服大功,朝廷亦不再强夺,而"诏听依昔乐安王故事",同意司马晞为庶生母服大功九月。① 从武陵王司马晞的例子观之,服重主张"母以子贵",缘天然之恩;服轻主张"庶子为后",崇"尊祖敬宗"之义。二种制服主张轻重差别甚大,而无法为双方接受。最后武陵王所服,并不在朝臣讨论之中,而循以晋代故事,折中以大功九月之服。

(三) 东晋时期庶子为生母服重的风气

司马昱、司马晞同为元帝之子,皆出继为人后而为生母求服重丧,朝廷对二者的处置并不相同,其中或有个人身份、际遇的特殊因素,但也由此可见朝廷处理类似的违礼事件,虽然反对服重,却似乎缺乏稳定统一的立场。而东晋时期,诸王为庶生母服重的情况仍然不时发生,挑战着礼制与朝廷的威信。

穆帝永和(345—356)中,汝南王司马统与江夏公卫崇为所生母制服三年,尚书令顾和上表纠举:

> 为人后者,降其所出,夺天属之性,显至公之义。降杀节文,著于周典。案汝南王统为庶母居庐服重,江夏公卫崇本由疏属,开国之绪,近丧所生,复行重制,违冒礼度,肆其私情。闾阎许其过厚,谈者莫以为非,则政道陵迟由乎礼废,宪章颓替始于容违。若弗纠正,无以齐物,皆可下太常夺服,若不祗王命,应加贬黜。②

---

① 见《晋书》卷二〇《礼志》,页 629。
②《晋书》卷八三《顾和传》,页 2165—2166。

汝南王司马统的宗法身份是庶子为父后,卫崇则是卫瓘之玄孙,嗣卫璪(卫瓘子)后为江夏郡公,①由顾和所言,应是出为人后。顾和以礼经"为人后者"统论之,似不分辨"庶子为父后"与"出为人后"。案《仪礼·丧服》,"庶子为父后,为母缌麻三月";出为人后,为本生父母服齐衰期。二者虽皆降杀,却轻重有别。或许是司马统和卫崇二人所服皆已过于合礼的服丧期限,故顾和不再分别讨论应如何服丧为允,而径自建议朝廷夺服。顾和之言再次佐证晋人对于"为父后""为人后"之义等同视之。

皇帝诏可顾和的奏议,似乎事件是以夺服落幕,但有几点值得注意:一、顾和表文言"闾阎许其过厚,谈者莫以为非",显示为生母服重的行为,许多人不以为非,还深加赞誉,可见庶子为生母违礼服重在舆论中已获得相当支持;二、"若不祗王命,应加贬黜",显示朝廷即使下令夺服,仍可能遭到当事人的抵抗,朝廷面对服重的风气,可能拿不出有效的办法来遏止。这两点都指向王公庶子为庶生母服重的行为,在东晋似已渐成风气,而非仅是史传中被纠举的一二人之作为。

孝武帝太元十七年(392),太常车胤上表,批评"自顷开国公侯,至于卿士,庶子为后,各肆私情,服其庶母,同之于嫡"的悖风,庶子为后"身承祖宗之重,而以庶母之私,废烝尝之事","求之情礼,失莫大焉"。要求朝廷"崇明礼训,以一风俗","考修经典,式明王度"。② 表上一年,朝廷不予回应。十八年(393),车胤再上一表,责之更严:

> 事上经年,未被告报,未审朝议以何为疑。若以所陈或谬,则经有文;若以古今不同,则晋有成典。升平四年(360),故太宰武陵王所生母丧,表求齐衰三年,诏听依昔乐安王故事,制大功

① 见《晋书》卷三六《卫瓘传》,附子卫璪,页1066。
② 见《晋书》卷二〇《礼志》,页628。

> 九月。兴宁三年(365),故梁王逢又所生母丧,亦求三年。《庚子诏书》依太宰故事,同服大功。若谨案周礼,则缌麻三月;若奉晋制,则大功九月。古礼今制,并无居庐三年之文,而顷年已来,各申私情,更相拟袭,渐以成俗。纵而不禁,则圣典灭矣。①

车胤两次上表,皆直陈庶子为后为生母服已成风俗,上自开国王侯,下至卿士,莫不伸情服重。身为执掌礼教的太常,车胤不能坐视此肆情乱服,积非成是的违礼习尚,要求朝廷坚定礼教立场,重申明确而统一的服制规范。然而朝廷为何要干涉个人服丧的行为?朝臣为何要在朝廷上,对个人的行为是否违礼,辩论不休?车胤切言:

> 夫尊尊亲亲,立人之本,王化所由,二端而已。故先王设教,务弘其极,尊郊社之敬,制越绋之礼,严宗庙之祀,厌庶子之服,所以经纬人文,化成天下。夫屈家事于王道,厌私恩于祖宗,岂非上行乎下,父行乎子!若尊尊之心有时而替,宜厌之情触事而申,祖宗之敬微,而君臣之礼亏矣。严恪微于祖宗,致敬亏于事上,而欲俗安化隆,不亦难乎!区区所惜,实在于斯。职之所司,不敢不言。②

礼制具有节制人情,分定尊卑贵贱,维持人伦秩序的作用。儒教家族的人伦秩序大致是嫡尊庶卑、长尊幼卑、男尊女卑,而以父系祖宗为最高权威,每一代的男性继承人被视为祖宗的继体,受到特别尊重。庶子为后,地位即从卑者提升为家族之至尊,丧服亦配合身份贵贱而变化。庶子为后,为生母降为缌麻之服,此规范的意义在于将庶生母的地位固定于家中之卑贱者,避免"母以子贵",以维护儒教家族

---

①《晋书》卷二〇《礼志》,页 629。
②《晋书》卷二〇《礼志》,页 629。

的人伦尊卑秩序。车胤将父系祖宗地位与君王权威配比等同,“恐吓”朝廷若允许为后者伸人子之情为生母服重,则个人的违礼行为不但构成对祖宗的不敬,破坏儒教家族人伦的上下秩序,同时也等于对社会、国家上下秩序的破坏。车胤发出如此严厉的警告,朝廷方才不得不正视违礼的问题,作出回应。尚书上奏:

> 案如辞辄下主者详寻。依礼,庶子与尊者为体,不敢服其私亲,此尊祖敬宗之义。自顷陵迟,斯礼遂废。封国之君废五庙之重,士庶匹夫阙烝尝之礼,习成颓俗,宜被革正。辄内外参详,谓宜听胤所上,可依乐安王大功为正。请为告书如左,班下内外,以定永制,普令依承,事可奉行。①

孝武帝虽诏可尚书所奏,限制庶子为后为庶生母之服,但孝武帝之父简文帝,为琅邪王时亦曾为生母违礼服重;此外,孝武帝自己的生母也是庶妾。在颁布晋代成典的隔年(394),孝武帝追尊庶祖母郑氏为简文宣郑太后,同年并尊崇庶生母为皇太后。② 皇帝尊崇尚健在的庶生母为皇太后,这在晋代并无前例可循。③ 皇帝自己积极尊

---

①《晋书》卷二〇《礼志》,页629。

② 见《晋书》卷九《孝武帝纪》,页240。

③ 怀帝母为武帝才人,早卒。怀帝即位,追尊曰皇太后。(《晋书》卷三一《后妃传》上,页968)明帝母为元帝宫人,明帝即位,封建安君,成帝时薨,赠豫章郡君,别立庙于京都。(卷三二《后妃传》下,页972)哀帝母为成帝贵人,哀帝即位,尊崇为皇太妃,仪服与太后同。时朝臣颇有异议。兴宁元年(363)薨,哀帝欲服重,朝臣反对,仅服缌麻。(卷三二《后妃传》下,页974)简文宣郑太后之事不再赘述。孝武帝之母李陵容,原为简文帝之宫人,孝武帝即位,尊为淑妃,其后陆续进为贵人、夫人、皇太妃,仪服一同太后。太元十九年(394),帝同母弟会稽王司马道子上表言“母以子贵”,议尊帝母为皇太后。八月“帝临轩,遣兼太保刘耽尊为皇太后,称崇训宫”。安帝即位,尊为太皇太后。隆安四年(400)崩,安帝制服齐衰三年。神主附于宣太后庙。(卷三二《后妃传》下,页981—982)

崇庶生母，一般舆论也支持为庶生母服重，似乎礼制对庶母子关系的压抑，与现实中伸情的需求，实际上已经到达相当紧张的程度。朝廷基于统治的立场，不能轻易放弃维护礼制的职责，但却没有主动处理诸王违礼的行为，更一度对车胤的上奏置之不理。车胤再上痛切的陈奏，提醒朝廷维护礼教对政治、社会秩序的重要，终于获得朝廷回应，但结果并非回归礼制，服缌麻三月，而是下诏循晋代故事制以大功九月之服。朝廷虽未能允许人子遂情服重，但顺应了为庶生母加重服丧的风气，正式推翻了礼经原来的规范。

孝武帝诏定庶子为后服所生母丧，依乐安王大功为正，成为晋代之成典。然而援引乐安王故事是否合于礼制的精神？新的规范又是否足以节制为庶生母服重的风气？《通典》载刘宋时人庾蔚之的评论：

> “庶子为后，为所生服缌”，此礼之正文。近遂为三年，失之甚也。按晋乐安王所生母丧，议者谓应小功，孝武诏令大功，乃合余尊之义。但余尊之厌，不言为后者也。①

庾蔚之认为孝武帝援引乐安王故事，将“庶子为后，为所生服缌”提升至大功九月，固然合于余尊之义，却罔顾“庶子为后”的宗法身份，依然是于礼不合。考察史传，乐安王名司马鉴，为晋武帝之庶兄弟，其身份为开国之始封王侯，不是为父后。② 史传称武帝为乐安王“高选师友”，③又云“不知母氏”，④可见其母身份十分低微。乐安王为庶生母制大功之服，可能是依据礼经，公之庶昆弟，父卒仍有余尊之厌，为母服大功九月。东晋屡屡引用乐安王的故事来解决诸王为

---

①《通典》卷八二《礼典四十二》“诸王传重为所生母服议”条，页 2227。

② 见《晋书》卷三八《文六王传》，页 1137—1138。

③ 见《晋书》卷三八《文六王传》，页 1137—1138。

④ 见《晋书》卷三八《文六王传》，页 1130。

庶生母服重的争议,但有趣的是,乐安王既不是为父后,也不是为人后,而显然晋人并不以为不妥。在缌麻三月与齐衰三年间,折中出大功九月之服,透露出的是朝廷对服重风气的妥协。

庾蔚之批评庶子为后为所生母服丧,“近遂为三年,失之甚也”。反映出即使有所妥协,所谓“晋代成典”仍无法遏止服重三年的风气。迨至刘宋,皇室出身于“低级士族”,①诸王、皇子、公主为庶生母服重更为普遍,甚至于礼官亦直接主张依士礼制服。② 元嘉二十三年(446)御史中丞何承天上疏,严厉谴责礼官、博士诸人主张皇子公主依士礼为庶生母服重,最后导致礼官受惩。③ 元嘉二十九年(452),南平王刘铄所生母吴淑仪薨,铄为文帝之子,依礼为庶生母无服,仅得麻衣练冠,既葬而除。《宋书·礼志》载:

> 有司奏:“古者与尊者为体,不得服其私亲。而比世诸侯咸用士礼,五服之内,悉皆成服,于其所生,反不得遂。”于是皇子皆申母服。④

犹如东晋之时,车胤的上奏虽迫使朝廷回应,颁定晋代成典统一服制,但隔年孝武帝即追尊生母为皇太后。何承天虽使朝廷惩处了主张皇子、公主可依士礼行服的礼官,但六年后,“皇子皆申母服”。车胤以礼官的身份,向朝廷呼吁正礼以式明王宪;迨至刘宋,主张服重者却以礼官为首,正象征庶子为生母服,依士礼而行,已成为无可逆向的潮流;庶子为父后为庶生母服缌的动摇,代表“母以子贵”的观点,在相当程度上已经成功地松动父系礼制对庶生母的压抑。

---

① 祝总斌:《刘裕门第考》,《北京大学学报》(哲学社会科学版),1982年第1期,页50—56。

② 见(梁)沈约:《宋书》卷一五《礼志》,北京:中华书局,1996年,页399—401。

③ 见《宋书》卷一五《礼志》,页401。

④《宋书》卷一五《礼志》,页401。

第二节　魏晋时期子为出母服议

依礼，子为出母服丧，以“至亲”而服期，以“为父后”而无服。考量现实人情，子为亲母无服，至亲如路人，情何以堪？礼经只依据“父系制度”理想的人伦原则制服，而现实中可能影响出母子互动关系的各种因素，皆未予考虑。母被出时，子的年龄；母出之后与子的往来；出母归本家或者再嫁等等问题，对于出母子的人伦关系皆有相当实际而重要的影响。礼经未将出母子可能保持的联系与互动纳入制礼的考量并规范，以致当魏晋时人欲依礼制服丧时，却发现问题重重，尝试重新诠释礼的含意，甚至提出新的界定。

（一）子为出母服的变例

从史料所见，魏晋时期孝子考量出母的处境，以及出母与自己的互动和情感，可能倾向于为出母服较重的丧服，而违反了礼制的规范。《通典》卷九四记载一则“出母父遗命令还继母子服议”：

> 征南军师北海矫公智父前取夹氏女，生公智后而出之。未几，重取王氏女，生公曜。父终之日，谓公智曰：“公曜母年少，必当更嫁。可迎还汝母。”及父卒，公智以告其母。母曰：“我夹氏女，非复矫氏妇也。今将依汝居，然不与矫氏家事。”夹氏来至，王氏不悦，脱缞绖而求去。夹氏见其如此，即还归夹舍。三年丧毕，王氏果嫁。夹氏乃更来。每有祭祀之事，夹氏不与。及公智祖母并姑亡，夹氏并不为制服。后夹氏疾困，谓公智：“我非矫氏妇，乃汝母耳，勿葬我矫氏墓也。”公智从其母令，别葬之。公智

> 以父昔有命,母还,于是为服三年。公曜以夹氏母始终无顺父命,竟不为服。①

夹氏被公智父遣出,归回本家,未再婚嫁。公智父临亡之际,以“公曜母年少,必当更嫁”为由,令子可迎还出母夹氏。未审夹氏被出时,公智之年龄,父亡时,公智是否已成人?公智父之遗命,可能出于怜子恋母之情,也可能是基于家族利益考量,欲托夹氏照顾二子。事未可知。王氏服满三年后,果然再嫁,留公曜于矫家。夹氏虽来,但分际清楚,为公智母,依子而居;与前夫离绝,非矫氏妇,生不行为妇之道,不祭祀、不服丧,死亦不葬于矫氏家墓。而二子为夹氏服丧的态度皆以父亲与夹氏的关系来考量,公智以父命母还为由,服三年;公曜以夹氏“无顺父命”,不为制服。二人皆以“诠释父命”的方式遂人子之私情。昆弟二人两极的服丧态度,引起时人的讨论。

> 博士刘喜云:公智之父,弃夹纳王,其在户庭,尚为己配,苟有变悔,自由可也。还归夹氏,则他人矣,去就出处,各从所执,岂复矫父所得制乎?故出妻之礼,夫使人致曰:“某不敏,不能从而供粢盛,使某也敢告。”主人曰:“某子不肖,不敢避诛。”又曰“妇当丧而出则除之”。然则相与之礼,于是绝矣。②

刘喜针对夫妻离绝后之关系讨论,认为公智父并无命夹氏出而更返的权力,夫妻关系既出则绝,“去就出处,各从所执”。依夹氏的态度观之,其复来矫家,并非受前夫之命,而是着眼于母子关系,依子而居。与刘喜所论切合。

---

①《通典》卷九四《礼典五十四》“出母父遗命令还继母子服议”条,页2550—2551。

②《通典》卷九四《礼典五十四》“出母父遗命令还继母子服议”条,页2551。

少府刘克义以为：父者子之天，违父与违天同。公曜父临亡，知其母无守志，故敕公智还其母，此为临亡情正虑审也。公曜幼小在此母怀抱，其见慈长以至成人，过于所生。而母之亡，哀不过啁噍之顷，衣不释彩，食不损味，居处自若，古今未之有也。夫孝子事其亲，事亡若事存也。女子从人，出之则归，命之则反，上奉夫母以为姑，下育夫儿以为子，制矫氏之家政，修母氏之教命，而怡然无戚，言非我母也？①

刘克义以为“女子从人，出之则归，命之则反”，故夹氏返矫家是女子从于人的表现；而“父者子之天”，父有遗命迎还夹氏，子应从父命视夹氏为母，公曜不服夹氏即为违抗父命。王氏再嫁而夹氏返之，公曜尚年幼，夹氏代行母职，怀抱公曜，“慈长以至成人，过于所生”。观刘克义之言，夹氏“上奉夫母”，“下育夫儿”，于实际生活中为前夫担负起照顾家人的责任。夹氏既有父命复有母恩，公曜不服夹氏之丧，即成背父忘母之人。

刘克义从父系家族的立场评论此事，夹氏的形象成为挥之即去，招之即来，为父系家族利益牺牲奉献而无怨无悔的女子；可推想公智父令子迎还出母，未尝不是出于家族利益的考量，借助夹氏持矫氏之家政。父系家族观点对夹氏出而复返的解释，与夹氏以自己为主体，仅承认母子关系的自我定位，两者之间有相当大的落差。若克义描述夹氏的作为不虚，则夹氏虽自认于矫家已无名分，却实质扮演女性普遍在家内担负的抚幼恤老的照护者角色，而其自我定位仅表现在礼制中须严格依据身份关系施其作为的事项中。故夹氏虽有清楚的自主性定位，但其行事依然没有摆脱女性为父系家族服务的职责。刘克义的父系观点推崇夹氏为矫家的奉献，却全然消解夹氏所坚持

① 《通典》卷九四《礼典五十四》“出母父遗命令还继母子服议”条，页2551—2552。

的自我身份定位。

母出而复还依子，持前夫家政、养前夫母、育前夫儿，与前夫家人衍生的人伦关系，其复杂已超出礼经为出母服所制定的条件。这件发生在西晋初年的服丧争议，焦点放在继子诠释父命而不制服是否合于礼。可注意的是，公智也以父命而为出母服三年，并未受到非议。《礼》言出妻之子为出母服齐衰期，子若为父后，则为出母无服。公智为父后，却为出母服三年，而晋人讨论的焦点，并未放在为父后为出母服的问题，反而是继子无服受到争议，是否魏晋时人对于为父后为出母服有不同的解释呢？以下试予讨论。

（二）为父后为出母服的议礼

魏嘉平元年(249)，魏郡太守钟毓为父后，以出母亡无主后者，迎还，自为制服。① 钟毓之父即魏初位尊三公之钟繇，钟会为毓之异母弟。《魏氏春秋》曰："(钟)会母见宠于繇，繇为之出其夫人。"②钟会为其母张氏作传，提到"贵妾孙氏，摄嫡专家"，钟会母有孕，孙氏欲害之，事被发觉，"孙氏由是得罪出"。③ 孙氏可能即是钟毓生母，因钟会之母而得罪于夫，被出。钟毓以"无主后者"为理由为出母制服，超出《仪礼·丧服》中关于子为出母服的解释。魏郡丞武申上奏曰：

> 礼，出母与父母在为母周。④ 记曰"为父后者无服"。按如

① 见《通典》卷九四《礼典五十四》"为父后出母更还依己为服议"条，页2546—2547。

② (晋)陈寿:《三国志·魏书》卷二八《钟会传》裴松之注引《魏氏春秋》，北京:中华书局，1995年，页784。

③ 见《三国志·魏书》卷二八《钟会传》裴松之注引钟会为其母传，页784。

④ 依据(清)严可均辑校《全三国文》，武申此奏，谓"出母与父母在"当作"出妻之子"。见氏撰《全三国文》，《全上古三代秦汉三国六朝文》卷四四，北京:中华书局，1995年，页5。

> 记言，盖谓族别家异，自有主后者无服，非谓毓出母无缌麻之亲，还毓家者也。礼，姑姊妹女子子无主后者，不为降，哀其无继也。①

何谓“无主后”？《丧服》传解释曰：“无主者，谓其无祭主者也。”②按人死之后，服丧期间有多次祭礼，配合以服制的递轻，让生者逐渐平复哀伤之情；丧期结束后，则有定期祭祀祖先之礼。祭主为主持祭祀之人，男子方可为祭主。女子出适后，丧礼的祭主是其夫或其子，若夫殁子亡或无子，则成无主后者。③ 出母若亡于本家，则其祭主可能是兄弟为父后者，若再嫁则依后夫家。

《礼记》言“为父后者为出母无服”④，并不是只针对出母有主后者立言。武申以郡丞的身份强作解人，似乎有为长官辩护或代其发言之意；援引礼经中对特定无主后者之妇女不降服，而认为是否有主后者，应是制服的依据之一，可视为魏人对丧服的衍生诠释，发展出另一种服丧判准。这样的判准，对于无法为自己立后，必须依附于父系家族的妇女是比较有利的依据。

《通典》中记载了两位魏晋礼学家对钟毓服出母的讨论。成洽由钟毓服出母之事，对礼经之规范发出批评，娴熟于礼的吴商则站在维护礼制的立场予以回答。⑤ 为了方便讨论，笔者将二者难答相关的

---

① 《通典》卷九四《礼典五十四》“为父后出母更还依己为服议”条，页 2546—2547。

② 《仪礼注疏》卷三一《丧服》，页 10b。

③ 见贾公彦《疏》，在《仪礼注疏》卷三一《丧服》，页 10b。

④ 《礼记正义》卷三二《丧服小记第十五》，页 267a。

⑤ 吴商入晋为国子博士，著有《礼难》十二卷，《杂议》十二卷，《礼议杂记故事》十三卷，《丧杂事》二十卷，《杂礼义》十一卷，《集》五卷。（据《全上古三代秦汉三国六朝文》，页 1712）又《通典》戴谧“丧遇闰议”曰：“寻博士所上祥事，是专用吴商议也。”（《通典》卷一〇〇《礼典六十》“丧遇闰月议”条，页 2653）

部分予以穿插并列:①

> 成洽难:《丧服传》曰:"出妻之子为父后者,为出母无服。与尊者为体,不敢服其私亲也。"《经》为继父服者,亦父后者也。
>
> 吴商答:为继父服者,为其父没年幼,随母再适,己无大功之亲,与继父同财共居,为筑宫庙,四时祭祀其先,此恩由继父,所以为服耳。
>
> 成洽难:为父后服继父服,则自服其母可知也。出母之与嫁母俱绝族,今为嫁母服,不为出母服,其不然乎!经证若斯其谬耳。
>
> 吴商答:出母无服,此由尊父之命。嫁母,父不命出,何得同出母乎?且妾之无子,妾子之无母,父命为母子,则生事之如母,丧则服之三年,贵父命也。而今欲以出母同于嫁母,违废父命,岂人子所行,又引继父云经谬也?又出母之党无服,嫁母之党自应服之,岂可复同乎?

成洽指出,于礼,为父后者为出母无服;但是经传中有为继父服之文,而服丧者的身份亦是为父后。吴商解释何以为继父服丧,大抵依据《仪礼·丧服》之文,设置特定的条件:第一,己无大功之亲,继父亦无大功之亲。第二,与继父同居共财。第三,继父出其资财为继子筑宫室,使继子四时祭祀其祖先。具备这三个条件,继子方为继父服丧。② 其制服的精神是出于继父对于继子维系家族承续有恩,合于父系家族利益的考量。成洽由为父后为继父服而推衍为嫁母有服;再以嫁母、出母身份俱为绝族,推衍为父后者不应为嫁母有服而为出母无服,直接抨击《仪礼·丧服》经传荒谬不合理。吴商反驳成洽,认

① 据《通典》卷九四《礼典五十四》"为父后出母更还依己为服议"条,页2547。

② 见《仪礼注疏》卷三一《丧服》,页10a。

为出母不能视同如嫁母，因为出母，由“父命”而出，嫁母则父不命出，“父命”不同则二母的身份就不能等同并比；又举“慈母如母”为例，①证明“父命”对于母和子有绝对的权威。出母无服是子尊“父命”，人子不能违废“父命”。

武申以“无主后者”为制服依据，其对丧服的诠释，有利于见出之妇女。成洽的主张大胆地质疑《仪礼·丧服》经传的合理性，嫁母有服，出母亦当有服，提出另一种为父后为出母服的诠释。吴商针对成洽的立论反驳，以“父命”不同，殊分嫁母、出母，其立论突显了“父命”的尊贵。众说纷纭，然而钟毓终究是以为父后的身份，为出母服重，未见时人有严厉的谴责，且在当时获得某些意见的支持。

大约与成洽、吴商同时代之袁准讨论为父后为出母无服的规范，认为：

> 为父后者，为出母无服，丧者不祭故也。其以出，不得不降。安有母子至亲而无服乎？释服而祭可也。②

袁准说明礼制规范为父后者为出母无服的理由，其态度是虽能理解却并不同意，直言母子关系之至亲，岂能无服！认为可制以权变的方法，孝子服丧期间遇有祭祀则释服祭之，两不妨害；丝毫不以为所谓的“家族公义”可压抑母子至亲之情。袁准与成洽的态度相似，对于礼制中违反人情的规范，主张修正，毫不迟疑。

上述魏晋时人的个别意见，并未足以证成魏晋时代为父后为出母服丧，已经突破礼制规范，获得普遍肯定。但至少显示，礼经中为父后为出母无服的规范，在实践中引起相当的疑义，如何理解礼经的内容及以此应用于服丧，时人各有见解，产生许多分歧的诠释与制服

① 见《仪礼注疏》卷三〇《丧服》，页 6b。

② 《通典》卷八九《礼典四十九》“齐缞杖周”条，页 2452。

主张,并没有达成一致的共识。刘宋庾蔚之在近两百年后评论这两件个案:

> (矫公智父)临亡使子迎母,自是申子之私情耳。此母自处不失礼,而子不用出母之服,非也。公曜不服,当矣。①
>
> 为父后不服出母,为废祭也。母嫁而迎还,是子之私情。至于嫡子,不可废祭。钟毓率情而制服,非礼意也。②

庾蔚之强调矫公智为父后,不应为出母服,公曜不服合于礼。评议此事的角度与晋初不尽相同。以"不可废祭"诠释为父后不服出母的理由,与晋初袁准的说法虽一致,但认为母子之情是私情,私情不可夺公义,故仍以钟毓制服为违礼。庾蔚之清楚地指出为父后欲为出母服丧,是人子"私情"与"家族公义"的冲突,肯定礼制以维护"家族公义"为原则,徇私的行为悖反了礼意。与魏晋时的议论相比,似乎对于贯穿丧服礼的父系家族精神有较为确实的掌握。晋初到刘宋之间,对为父后为出母服丧似乎有着不同的见解,试观其变,也许可从中厘清礼学家对礼制观念的掌握之演变发展。

观矫公智与钟毓之例,出母的处境,出母与子之间的往来互动,对于出母与子的关系有极大影响。礼制依据"父命"及"尊祖敬宗"的精神,规范为父后者为出母无服,而人子面对实存的关系情境,实有难以遵行之处。矫公智与钟毓二人为出母制服,并未直接主张母子之情为服丧的理由,而是以尊父命为借口,或是对《仪礼·丧服》经传进行推衍与再诠释,仍然从礼制来寻求服丧行为的支持,反映魏晋时期,已普遍要求服丧须依循礼制而行,显示出魏晋时人以礼制规范人伦关系的强烈企图。时代风气强调依礼而行,然而对于礼的诠释却

---

①《通典》卷九四《礼典五十四》"出母父遗命令还继母子服议"条,页 2552。
②《通典》卷九四《礼典五十四》"为父后出母更还依己为服议"条,页 2547。

未有共识，更有依现实批评礼意，企图修正礼制的情形，显示魏晋时期处于一个礼制仍在变动发展的状态，人伦秩序仍有重新调整定位的空间。

（三）为出继母服议

前文的讨论已指出，孝子如何为出母服丧，在魏晋时期仍有争论；而争论的焦点在于孝子违反礼制的规范，为出母服重丧。据《仪礼·丧服》的规范，为出母服，仅行于“出妻之子”，只有亲生母子之间，才有出母之服。但魏晋时期为出母服的讨论，实不只有针对亲生母亲，为出继母不应有服，仍屡屡透过礼学家一再重申。《通典》“为出继母不服议”，辑录了东汉郑玄，魏王肃、季祖钟，晋范宣、史糜遗的议礼。① 汉魏礼学家，皆仅简单申明继子为出继母“无服”；②晋朝的礼学家则加入人情恩义的考量。范宣认为出继母“恩不生己，义距于父，非恩非义，何以得服”。③ 史糜遗则指出：“夫礼缘人情而为制，虽以义督亲，然实以恩断。按继母如母，谓其在父之室，事之犹母，见育犹子，故同之所生。……及其出也，既不终养育之恩，又弃为母之名，若不从而见育，则不服亦其宜矣。”④

在讨论继子应否为出继母服的问题上，循着礼经的脉络，以父亲与继母的关系立言，是礼学家一致的口径；而晋代更进一步加上母子关系的考量，继母没有生育之恩，既出则未全终养育之道，如此再次确定继子为出继母无服。晋代的礼学家加入人情的思考是一个值得留意的现象。总而言之，出继母因失配父之义，加上无生、养之恩，继

① 见《通典》卷九四《礼典五十四》“为出继母不服议”条，页 2549—2550。

② 见东汉郑玄、魏王肃、季祖钟之议礼。载《通典》卷九四《礼典五十四》“为出继母不服议”条，页 2549。

③ 见《通典》卷九四《礼典五十四》“为出继母不服议”条，页 2550。

④ 见《通典》卷九四《礼典五十四》“为出继母不服议”条，页 2550。

子为出继母无服,似乎没有争议。但是东晋却发生一件为出继母服丧的特殊案例。

东晋元帝大兴三年(320),淮南小中正王式,为继母制服出母之服丧,在朝廷引起讨论。王式的继母未嫁式父之前,先嫁,亦有继子,前夫亡后才再嫁王式的父亲。王式的父亲先去世,继母为式父服丧三年,服丧毕,便还前夫家,受前夫家的继子奉养。后来,王式的继母卒于前夫家,并与前夫合葬。① 王式以"父临终,母求去,父许诺"② 故为继母制出母齐衰期之服,结果招来正反两极的评价,更牵连王式的长官,差点酿成政治风暴。事件最后,朝廷下诏将王式交付"乡邑清议,废弃终身"。③ 王式为继母制以出母之服,为何会造成如此严重的后果?朝臣对王式的行为如何评价?关键在于王式的继母到底是不是"出母",若是,则王式依礼不应制服;若不是出母,则王式不应为继母只服齐衰期的丧服。以下试分析时人对此事的看法,以及其中蕴含的礼法人伦观念。

《通典》中记载了国子祭酒杜夷,博士江泉,太常卿荀崧,丞、骑都尉萧轮以及御史中丞卞壶的评议,其中卞壶之议论另见于《晋书·卞壶传》,文字与《通典》略有出入,一并参酌讨论。以下分析朝臣的看法。

> 国子祭酒杜夷议以为:"宰我欲减三年之丧,孔子谓之不仁。今王式不忍哀怆之情,率意违礼,服已绝之服,可谓观过知仁。伯鱼、子路亲圣人之门,子路有当除不除之过,伯鱼有既除犹哭之失。以式比之,亦无所愧。励薄之义,矫枉过正,苟在于厚,恕

① 见《通典》卷九四《礼典五十四》"父卒继母还前继子家后继子为服议"条,页2553—2555。

② 见《晋书》卷七〇《卞壸传》,页1868。

③ 见《晋书》卷七〇《卞壸传》,页1869—1870。

之可也。”①

杜夷认同王式将继母视为出母。继母既出，于礼，王式应该不为出继母服丧，因此杜夷批评王式“率意违礼，服已绝之服”。但杜夷认为王式的行为虽然违礼，却是出于“哀怆之情”，“观过知仁”，将王式之作为比附于孔门之伯鱼、子路，杜夷对王式的作为实褒扬大于贬斥！伯鱼、子路之事见于《礼记·檀弓》：

> 子路有姊之丧，可以除之矣，而弗除也。孔子曰：“何弗除也？”子路曰：“吾寡兄弟而弗忍也。”孔子曰：“先王制礼，行道之人皆弗忍也！”子路闻之，遂除之。②
>
> 伯鱼之母死，期而犹哭。夫子闻之，曰：“谁与哭者？”门人曰：“鲤也。”夫子曰：“嘻，其甚也！”伯鱼闻之，遂除之。③

子路以缺少兄弟为由，不忍为姊除服；伯鱼为出母服丧，过了一年还思念哭泣。子路、伯鱼的行为皆是不忍骨肉亲情，礼不胜情，故自变礼以伸情，而失于服丧过厚，虽然他们受到孔子的批评，但他们的行为却成为厚于骨肉的代表。④ 杜夷以为王式的作为有砥砺浇薄之风的作用，虽有矫枉过正之失，但“苟在于厚，恕之可也”。在人情的考量下，认为违礼顺情，是可以原谅的。

---

①《通典》卷九四《礼典五十四》“父卒继母还前继子家后继子为服议”条，页2553。

②《礼记正义》卷六《檀弓上第三》，页51a。

③《礼记正义》卷七《檀弓上第三》，页53a—53b。

④ 西汉昭帝时，燕王为盖长公主的情人丁外人求封侯，即引子路为姊服丧之故事：“子路丧姊，期而不除，孔子非之。子路曰：‘由不幸寡兄弟，不忍除之。’故曰：‘观过知仁。’今臣与陛下独有长公主为姊，陛下幸使丁外人侍之，外人宜蒙爵号。”见《汉书》卷九七上《外戚传·孝昭上官皇后》，北京：中华书局，1992年，页3959。

博士江泉,同样主张宽恕王式违礼的做法。江泉议曰:

> 继父尝同居而后别者,继子犹制齐缞三月。按王式母之事式父,存则崇敬,妻道无愆;殁则制服,毕葬乃归。伉俪之义,大较为举,但不能遂居哀次,以此为失。方之继父,恩义为崇。式为人子,慎终志笃,岂忍以母节小阙而不行服哉!是以俯仰,宁从其重,今报以周,推心乃安。观过知仁,式近有也。昔季路服姊周而不除,仲尼抑而不贬,将君子以情恕物,谓式之所行,免于戾矣。①

江泉之议从为继父别居服丧起论,以此比拟王式继母出居他门的情况。然而继父、继母虽同为继假,但细究丧服条文,二者与继子的关系以及制服原因皆大不相同。继母配父,故对于继子有如母之尊,继子为继母服丧,是依据继母与父亲的关系,礼制中未尝讨论继母别居的问题。继子为继父服丧,则无关于再嫁之母,继父始终是他族之人,一家仅有一父,这是父系家族制度严守的原则;依据父系继嗣制度,嫁母与子分属不同的家族,母从再嫁之夫,奉他门之粢盛,子从生父,奉父祖之香火。子以不能自立而寄育他门,继父尝同居,助继子祭祀,对继子之"家族公义"有所恩惠,故继子分居自立后犹为继父制服。

江泉将继母与继父并比,也从恩义的角度讨论王式为继母服丧。江泉并未明确定位王式的继母出居他门后的身份,而是根据继母过去在王式家的作为来考量制服。江泉认为王式继母事式父"存则崇敬,妻道无愆;殁则制服,毕葬乃归"。恩义更深于对继子之家族有功的继父。因此王式继母虽然母节有亏,王式为人子,基于过去的恩

① 《通典》卷九四《礼典五十四》"父卒继母还前继子家后继子为服议"条,页2553—2554。

情，服之方能心安。江泉同样从人情的角度，称赞王式的行为是“观过知仁”，君子“以情恕物”，认为王式所行具有教化风俗的作用。

两位礼官皆称美王式所行“观过知仁”，然而，御史中丞卞壶认为王式的案子可能另有隐情，提出完全不同的解读和评价。卞壶从头分析事情可能发生的情境，对王式的作为，有另一种解读，节录如下：

> 就如（王）式父临终许诺，必也正名，依礼为无所据。……（王）式宜正之以礼。①

卞壶认为，王式的继母若受王式父命而出，按出妻的礼制，式父应在生前即告宗庙而弃之，没有已绝之妻还留在夫家，为前夫制服的道理。若王式的父亲在疾笃昏乱之际，许继妻去留自由，王式应“正之以礼”。② 换言之，卞壶认为王式的继母，于礼，并不是出母；王式面对父母可能违礼的作为，应该依礼劝正，而不是顺其所为。

> 礼，妇人三从。式母于夫，事生奉终，居丧以礼，非为既绝之妻；及亡制服，不为无义之妇。不绝之验，彰于制服；自去守节，非为更嫁。考行无绝于夫，离绝继在夫没之后。夫既没，是其从子之日，而式以为出母，此即何异子出其母！③

卞壶认为礼制规定妇人“三从”之道：从父、从夫、从子。王式的继母对式父“事生奉终”，符合“从夫”的表现；为王式之父服丧三年，即为“不绝”的最好证明。夫没从子，王式却视继母为出母，是王式以子的身份而将继母遣出。

---

①《晋书》卷七〇《卞壶传》，页 1868—1869。

② 见《晋书》卷七〇《卞壶传》，页 1868—1869。

③《通典》卷九四《礼典五十四》“父卒继母还前继子家后继子为服议”条，页 2554—2555。

卞壸还提出两个假设的情况,分析王式作为失当。第一,若王式父亲亡后,继母也寻殁于王式家,王式必定不会将继母视为出母;所以王式是根据同居、出居,来认定继母与已的关系,显示所谓"离绝"出自王式自己意断。第二,假使二门之子皆是此母所生,母恋前子而求去,是非礼于后家;去而后返,又非礼于前门,"去不可去,还不可还,则为无寄之人也"。王式必定会尽力匡谏、防嫌,而不会自绝其生母。卞壸预设了亲生母子与继假母子相待之道必然不同,但不许继子有自己的感情认同;认为王式对继母情礼有亏,批评王式未遵"继母如母"之教,对继母缺乏孝敬之道,"生事不以礼,死葬不以礼"①。何况王式继母再嫁,前后二子皆是继子,继母"何慈于彼,不慈于此?受之者应有过礼之贬,出之者宜受莫大之责"②。显然认为王式子道有亏,继母才会出居前夫继子之门。

依卞壸的条析和解释,王式可能与继母不睦,故继母不与王式同居,求去,依前夫继子;王式没有尽到人子孝亲、匡谏、防嫌的责任,托词亡父许继母去,而制出母之服。卞壸认为王式为继母制出母之服,正为掩饰其不孝之罪行。卞壸云:"礼,长子不为出母服,出继母又不应服。(王)式长子也,又母非所生,不应服坦然,而式乃制服,明前绝无征,违礼莫据,内愧于心,欲以诈眩视听,托过厚以制饰非。"③卞壸认为王式身为国士,"闺门之内犯礼违义,开辟未有","亏损世教,不可以居人伦诠正之任",又一并奏免司徒未能"实在任人",扬州大中正和淮南大中正,不能明察乡论,"崇孝敬之教,并为不胜其任"。④

卞壸自己也有继母。《晋书》载卞壸"遭继母忧,既葬,起复职,累

①《晋书》卷七〇《卞壸传》,页1869。
②《通典》卷九四《礼典五十四》"父卒继母还前继子家后继子为服议"条,页2555。
③《通典》卷九四《礼典五十四》"父卒继母还前继子家后继子为服议"条,页2555。
④《晋书》卷七〇《卞壸传》,页1869。

辞不就”。上表自陈:“(年)十二,蒙亡母张所见覆育。壸以陋贱,不能荣亲,家产屡空,养道多阙,存无欢娱,终不备礼,拊心永恨,五内抽割。”“元帝以其辞苦,不夺其志。”①卞壸与继母共同生活的经验和感情,或许是他严厉谴责王式未善事继母的原因之一。

杜夷和江泉的长官,太常荀崧和丞、骑都尉萧轮联名上奏,认为王式的案子应回到对事件的调查,先确定其属于服丧违礼的问题,或是家庭不和的问题:

> 礼,继母嫁,从为之服,报。其犯出者无服。按式母之求去,式父之遣,并无名例。若以父母之过,非式所得言,及式奉亲尽礼,而母自求去者,过在母矣。式之追服,可谓过厚。若乃六亲有违,去就非礼,宜访之中正、宗老,非礼官所得逆裁。②

荀崧和萧轮,分论二种可能的情况:一是如王式所言,“父临终,母求去,父许诺”。如此,是父母所行不正。王式尽心侍奉继母,继母自求去,错在继母。这种情况下,王式为继母服出母的丧服,于礼过厚。二是,如卞壸所奏,王式“六亲有违”侍奉继母不孝,有失伦常之道,故造成王式的继母非礼求去。如果是这种情况,已超出礼官所能裁正的范畴,应询访地方中正及宗老,调查王式平日与继母的关系,再做定夺。

最后,朝廷依卞壸所奏,下诏将王式交付“乡邑清议,废弃终身”,而司徒及扬州大中正、淮南大中正诸人,特予宽恕。③

王式为继母服出母之丧,引起如此两极的解读和评价,并使得王式被朝廷废弃论罪。到底王式是“不忍哀怆之情”而制服,还是“内愧

---

①《晋书》卷七〇《卞壸传》,页 1867—1868。

②《通典》卷九四《礼典五十四》“父卒继母还前继子家后继子为服议”条,页 2554。

③ 见《晋书》卷七〇《卞壸传》,页 1869—1870。

于心,欲以诈眩视听,托过厚以制饰非?”恐怕不能以结果作为定论。王式继母前后两嫁皆有继子,但未知继母在前夫家几年?前继子当时几岁?是否受继母抚育之恩特深?继母再嫁式父,王式几岁?和继母相处了几年?王式与继母是否真的感情不睦,或仅是不如继母与前继子恩情之深?于礼,要求妇人夫死从子,但继母以如母之尊,继子是否有力量“匡正”继母的作为?换言之,王式继母为母的经验和情感,可能影响其去留的意愿,王式与继母的母子关系也可能影响王式处理继母求去的态度。王式与继母的互动,脱离礼制的规范脉络,卞壶从“父系制度”的规范立论,处处以礼制来匡准人伦,而不允许其他经验、情感的存在。到底是王式对继母不孝,而使继母存无所居,没无所托;还是王式尊重继母的选择,却使自己成为制度的牺牲者?答案啊答案,在茫茫的风里。

第三节　汉晋间与嫁母服相关的礼议

在讨论为父后为出母服丧时,魏晋时人时常援引子为嫁母服来推衍出母服。事实上,《仪礼·丧服》中并没有子为嫁母服的规定,子为嫁母服,是汉晋之间才发展出来的规范。下文将讨论子为嫁母服的成立以及相关的同母异父兄弟服,进一步探究魏晋时期现实人伦对礼制发展的影响。

(一)汉晋间为嫁母服的成立

上一节讨论成洽与吴商的难答,二人曾论及子为嫁母服以推衍子为父后为出母制服,二者对出母、嫁母能否并比等同有不同的看法,但皆无疑于子为嫁母有服。实则《仪礼·丧服》经传并没有清楚说明嫁母之服。然而现实人伦却有父卒母嫁的情况存在，子为嫁母如何制服，是经过礼学家的解释讨论，才逐渐取得共识、成为规范。《通典》中记载了一条石渠礼议为嫁母服的讨论：

> 问："父卒母嫁，为之何服？"萧太傅云："当服周。为父后则不服。"韦玄成以为："父殁则母无出义，王者不为无义制服。若服周，则是子贬母也，故不制服也。"宣帝诏曰："妇人不养舅姑，不奉祭祀，下不慈子，是自绝也，故圣人不为制服，明子无出母之义，玄成议是也。"①

石渠为阁名，是西汉宫廷藏书之处。② 汉宣帝甘露三年（前51），集群儒于石渠阁，讲论评议五经同异，③参与讨论的博士、儒生于《汉书》中可查的就有14人，④可说树立了由朝廷主持大规模讨论、整理经典的先例。⑤ 子为嫁母如何制服，是礼议讨论的议题之一。在礼经无文的情况下，应否有服，依据什么原则制服，都是争议的问题。太傅萧望之以为"当服周。为父后则不服"，似乎类比于为出母的服丧。可能由于出母、嫁母身份俱为绝族之人。韦玄成以为"父殁则母无出义"。有两种可能的含义：一是指出母以父命而出，无父命则不为出；

---

①《通典》卷八九《礼典四十九》"父卒为嫁母服"条，页2455。

② 见《汉书》卷三六《楚元王传》，页1929，注8引颜师古曰。

③ 见《汉书》卷八《宣帝纪》，页272。

④ 这14人分别是刘向、薛广德、韦玄成、萧望之、施雠、梁丘贺、欧阳地余、林尊、周堪、张山拊、假仓、张长安、戴圣、闻人通汉。刘向见《汉书》卷三六《楚元王传》，页1929；薛广德见卷七一《薛广德传》，页3047；韦玄成见卷七三《韦贤传》，页3113；萧望之见卷七八《萧望之传》，页3271；施雠见卷八八《儒林传》，页3598；梁丘贺，页3600；欧阳地余，页3603；林尊、周堪，页3604；张山拊、假仓，页3605；张长安，页3610；戴圣、闻人通汉，页3615。

⑤ 东汉章帝时举行的白虎奏议，即是模仿石渠之议。见（刘宋）范晔：《后汉书》卷三《章帝纪》，北京：中华书局，1993年，页138。

二是指父殁,母无再嫁之义。“王者不为无义制服”,也可以有两种解释,礼经不为于礼不成立者或无义之行为制服。“若服周则是子贬母也,故不制服也。”服周,即是将嫁母类比于出母,母尊于子,子不得自出其母,结论是子为嫁母不制服。韦玄成以无父命、无义、子不得出母的理由,反对将嫁母比于出母制服,其中虽有尊母的观点,却未提出另一个服丧的主张,反而定以无服,削弱疏远了母子关系。韦玄成的子无出母之义,故不制服的主张,获得西汉宣帝的赞同,诏书中更强调妇人对父系家族的责任,妇人未尽妇职而自绝于夫家,“故圣人不为制服”,似有责备再嫁的意味。

石渠礼议中还有一则与嫁母服相关的讨论:

> 又问:“夫死,妻稚子幼,与之适人,子后何服?”韦玄成对“与出妻子同,服周”,或议以为子无绝母,应三年。①

宣帝下诏,赞同子不应为嫁母制服。而礼议又别立特殊情况的嫁母为题,另作讨论,显然以为嫁母再嫁的条件是制服的重要依据。如果将子服嫁母的条件设定为夫死、妻稚、子幼、母携子再嫁,则韦玄成认为应“与出妻同,服周”。随条件的不同,韦玄成前后立论看似有所矛盾,但其背后的精神皆是站在父系家族的立场,为其利益考量。另有议者以为“子无绝母,应三年”。其制服的理由亦是母尊于子,子无出母之义。与韦玄成以相同理由而不为制服相比较,不难发现对礼经进行诠释有相当大的主观性。孰是孰非的判断并不容易,而能被普遍接纳采行的,恐怕是最能于礼制及人情之间取得折中者。三国时代的谯周以为“据继母嫁犹服周,以亲母可知,故无经也”。② 认为嫁

---

①《通典》卷八九《礼典四十九》“父卒为嫁母服”条,页 2455。

② 见《仪礼注疏》卷三〇《丧服》,页 6b。

母有服,其意本于“继母如母”。[①] 依据《仪礼·丧服》:“继母嫁,从为之服,报。”[②]推论亲母嫁亦当至少服周。以上三论皆以若不携子改嫁就无以自存的情形下,肯定为嫁母有服,只是制服的理由以及制服轻重,看法相当分歧。

前引西汉讨论为嫁母如何制服,牵涉嫁母的定位、嫁母与父的关系以及嫁母与子的关系。子的身份是否为父后,未见其成为议论焦点。《通典》中有魏晋时人针对为父后为嫁母服讨论,显示礼制的发展越来越细致复杂:

> 谯周云:父卒母嫁,非父所绝,为之服周可也。[③]
>
> 刘智云:虽为父后,犹为嫁母齐缞,讫葬卒哭乃除,逾月乃祭。[④]
>
> 袁准云:为父后犹服嫁母,据外祖异族,犹废祭行服,知父后应服嫁母。[⑤]

三论说法不同,但皆认为为父后为嫁母有服。前述魏晋时人关于为父后为出母服的讨论,反须引用为嫁母服来证成,可见子为嫁母服在礼经无文的情形下,诠释的空间反而更加宽广。以袁准对礼经的推衍为例,从为父后为外祖异族有服,而推衍为嫁母必有服。事实上礼经亦未言母再嫁,子为父后,可为外祖有服。袁准可能是依据子为亲母之党从服为“属从”,而申论母嫁、子犹为外祖有服;再据此推论子为嫁母必有服。吴商云:“出母之党无服,嫁母之党自应服之,岂可复

---

①《仪礼注疏》卷三〇《丧服》,页6b。
②《仪礼注疏》卷三〇《丧服》,页7b。
③《通典》卷九四《礼典五十四》“为父后为嫁母及继母嫁服议”条,页2548。
④《通典》卷九四《礼典五十四》“为父后为嫁母及继母嫁服议”条,页2548。
⑤《通典》卷九四《礼典五十四》“为父后为嫁母及继母嫁服议”条,页2548。

同乎?”①似乎魏晋时人肯定嫁母之党应有服。总之礼学家推衍礼经进行诠释,子为嫁母有服在魏晋似已取得共识,且其相关服丧的规范比于出母也更为宽松。

由汉到魏晋,为嫁母服由礼经无文而逐渐获得有服的共识,其制服的理由千变万化,互相矛盾。嫁母的处境有比于出母、比于继母嫁;有主张父不命出,应服,也有相同理由主张无服;有子无绝母,应服三年,也有以此不得制服者。勉强寻一规律,似与出母并比同制较为常见。然而为父后为出母无服,以及不服出母之党的规范,反而在嫁母服中得以解除,可见在没有条文的限制下,礼学家有更大的空间解释抽象的父系原则,即使理由互相歧异,但却一致指向比较能与母子人情相吻合的制服,显示在礼制出现空隙的情况下,“缘情制礼”的另一次成功。魏晋时期子为嫁母服的成立,也可以帮助我们认清现实中,嫁母子与出母子的母子关系,绝不能仅从父系礼制的规范来理解。

(二) 同母异父兄弟服的发展

东晋时期,人子为庶生母服重丧渐成风气,突破了礼法对庶生母的厌抑;我们也看到即使生母被父所出或再嫁,人子亦渴望为母服丧,甚至不顾自己为后传重的身份;而继母却与继子情感不睦,出居他门,被继子视作出母。可见一般而论,人子对于生母的情感远远胜于其他的母子名分,缘于天生的母子至亲,虽受到父系礼法的厌抑,为人子者却有自己的主张和做法。

父系礼制以父族亲属为重,《仪礼·丧服》的规范中,为母族亲属仅服缌麻,最重加服至小功,比于父族可谓轻矣。然而检诸《通典》所集之礼议,却见魏晋南朝有为同母异父兄弟服丧的讨论,且主张的服

① 《通典》卷九四《礼典五十四》“为父后出母更还依己为服议”条,页2547。

制更重于为外祖父母服。同母异父兄弟与己有同母之亲，但从父系制度来看则分属异族，且并不是母党之亲属，《仪礼·丧服》中并无制服。魏晋南朝之礼学家提出为同母异父兄弟服的讨论，且有实例发生，其意义何在，值得探讨。本节从孝子为嫁母服丧的讨论向外延伸，分析魏晋南朝时人对于同母异父兄弟应如何服丧有何见解，以侧见时人对同母而生的人伦关系抱持怎样的心态。

同母异父兄弟之服，《仪礼·丧服》中并无所制，其典始出于《礼记·檀弓》：

> 公叔木有同母异父之昆弟死，问于子游。子游曰："其大功乎。"狄仪有同母异父之昆弟死，问于子夏。子夏曰："我未之前闻也。鲁人则为之齐衰。"狄仪行齐衰，今之齐衰，狄仪之问也。①

公叔木当是公叔朱，为春秋时人，②狄仪则不详何人。从《礼记》的记载观之，为同母异父兄弟服丧至迟于春秋时代便已行之，此丧服可能是出于现实人伦的需要而发展出来；观子游与子夏之答，各地可能依其习俗而行，并未统一，不但一般人对于如何制服有所疑问，连圣人孔子的弟子对于如何制服都没有十分的把握。汉魏时期对于此段经文的解释歧异颇大，六朝的礼学家一直保持着对此问题的关心，这些礼议集中载于《通典》之中，以下便详细讨论之，以明同母异父兄弟服在汉魏六朝的发展趋势及其所彰显的人伦价值。

子游以为同母异父兄弟之服"其大功乎"。关于这段经文的解释主要有郑玄、王肃两家注。郑玄曰："亲者属，大功是。"③孔颖达正义

---

① (清)朱彬：《礼记训纂》卷三《檀弓上第三》，北京：中华书局，1996 年，页 109—110。

② 见郑玄《注》，引自朱彬：《礼记训纂》卷三《檀弓上第三》，页 109—110。

③ 见郑玄《注》，在《礼记正义》卷八《檀弓上第三》，页 62c。

曰:“郑意以为同母兄弟,母之亲属,服大功是也。所以是者,以同父同母则服期。今但同母,而以母是我亲生,其兄弟是亲者血属,故降一等而服大功。”①郑玄的解释是彼与己有同母共胞之亲,故为之服。孔颖达诠释郑注,以为同母异父兄弟降于同父同母兄弟服一等,故制以大功。

王肃则有另一种解释:

> 母嫁则外祖父母无服,所谓绝族无施服也。唯母之身有服,所谓亲者属也。异父同母昆弟不应有服,此谓与继父同居,为继父周,故为其子大功也。礼无明文,是以子游疑而答也。②

王肃的解释明显地非难郑玄之说,以为绝族便无服,唯有生母犹因“亲者属”制服。异父同母兄弟不应有服。但王肃并未认为子游所制为误,而是提出另一个解释,以为子游制服之对象是针对与继父同居者;子为继父同居者服周,所以为此继父之子制以大功。王肃在《圣证论》又引《孔子家语》曰:

> 郑人有同母异父之昆弟死,将为之服,因颜亥而问礼于孔子。曰:“继父同居者,则异父昆弟从为之服;不同居者,继父且犹不服,况其子乎!”③

王肃将同母异父兄弟服与为继父服相联结,以为服与不服,端视与继父是否同居。我们曾提及《仪礼·丧服》对于何谓与继父同居有特殊条件的限定;子为继父同居者服齐缞期,尝同居而后异居者服齐

---

①《礼记正义》卷八《檀弓上第三》,页62c。
②《通典》卷九一《礼典五十一》“大功成人九月”条,页2494—2495。
③《通典》卷九一《礼典五十一》“大功成人九月”条,页2495。

缞三月，未尝同居则不为继父服。① 继父与己为异族之人，为继父服丧的理由是回报继父于延续己族有恩，而非以父道尊之；故王肃认为同母异父兄弟从于继父服丧，而非考虑同母的关系，可见也并非视其为骨肉兄弟。

魏尚书郎武竺有同母异父昆弟之丧，以访王肃。王肃认为继父同居服周，则子宜大功也。② 王肃身为当代礼学名家，时人于礼制有疑处，访而问之，依其学说而行应所在多有。魏明帝景初中（237—239），朝廷曾针对同母异父昆弟服讨论，太常博士的回答是依据子游郑注大功九月。③ 于时王肃约四十岁左右，或许尚未为《礼记》作注，又或许当时仍以郑注为流行。在这次礼议中，当朝名臣高堂隆则提出与郑玄、王肃完全不同的看法：④

> 圣人制礼，外亲正服不过缌，殊异外内之明理也。外祖父母以尊加，从母以名加，皆小功；舅缌服而已。外兄弟异族无属，疏于外家远矣，故于礼序不得有服。若以同居从同爨服，无缘章云大功，乃重于外祖父母，此实先贤之过也。⑤

我们曾讨论过子为母族服丧远轻于为父族，礼制所安排的人伦关系明显地以父系为主轴，人子皆属父族，与父族之亲党应更加亲密。高堂隆即从为母族、父族服丧轻重之别，来讨论为同母异父兄弟服。高堂隆指出为外亲正服仅于缌麻，是圣人有意分别外亲、内亲之制，所以至亲如外祖父母、从母也仅加服到小功，即使母舅亦仅缌服

---

① 见《仪礼注疏》卷三一《丧服》，页 10a。
② 见《通典》卷九一《礼典五十一》“大功成人九月”条，页 2496。
③ 见《通典》卷九一《礼典五十一》“大功成人九月”条，页 2495。
④ 魏明帝为平原王时，高堂隆曾为傅，于明帝朝多所献替。见《三国志·魏书》卷二五《高堂隆传》，页 708—718。
⑤《通典》卷九一《礼典五十一》“大功成人九月”条，页 2495。

而已。高氏认为同母异父兄弟为异族之人,更疏于外家,因此,于礼不得有服;但高氏另外提出"同居从同爨服"。所谓"同爨服"亦是出于《礼记·檀弓》,指从母之夫,与舅之妻,二人本不应有服,却因同灶而食故互相以缌麻服之。① 高氏主张同母异父兄弟不应有服,但若同居,则因共灶而食的情分服缌麻;高氏并直言批评子游、子夏所制同母异父兄弟服,重于为外祖父母服,是一项过失。

郑玄解释子游之制服,以同母之亲为制服依据,如此服丧对象便涵盖所有同母异父兄弟。王肃认为同母异父兄弟不应有服,子游之制服是针对父卒,母携子再嫁,子与继父同居者;主张从于继父服,而非考量同母的关系。高堂隆则认为子游、子夏的制服是错误的,同母异父兄弟为异族之人,不应制服。若同居则以同爨之情服缌麻,与同母无关,虽类似于王肃从于继父之说,但更注意到父族、母族制服轻重的原则,掌握了丧服礼制以父系为主轴的精神。三者的制服观点不同,郑氏之说至少在曹魏已被礼官引用,显示有相当影响力;而与其针锋相对的便是王肃之学。《通典》记载,晋、宋、齐之礼学家皆针对王肃"从于继父服"加以反驳,而未见有回应高氏者,显示王说在晋以下亦有相当影响力,而高说可能被时人所忽视。晋以下礼学家对王肃的批评采取什么观点,显示出什么制服精神?以下分别讨论。

晋淳于睿以为:

> 继父无亲,立庙祭祀,尚为之周;以比夫共胞,岂有绝道,而欲绝之,谓其无亲。据继父同居异居有轻重,同母昆弟盖亦宜矣。异居大功,同居有相长养之恩,服齐缞,似近人情矣。②

淳于睿认为继父和继子没有血缘之亲,助继子立庙祭祀,继子便

①《礼记正义》卷八《檀弓上第三》,页61a—61b。

②《通典》卷九一《礼典五十一》"大功成人九月"条,页2495—2496。

为服周；而同母异父兄弟有共胞之亲，岂可以绝之。主张和继父服一样，以同居、异居，分定服丧轻重；异居者，服大功，同居有相长养之恩，服齐缞，如此方近人情。淳于睿制服的基础是彼此有同母共胞之亲，再加上恩情轻重之考虑，分别制大功与齐缞之服。继父尝同居而后异居则服齐缞三月，未尝同居则不服；同母异父兄弟则未有无服者。

宋庾蔚之谓：

> 自以同生成亲，继父同居，由有功而致服，二服之来，其礼乖殊。以为因继父而有服者，失之远矣。马昭曰："异父昆弟，恩系于母，不于继父。继父，绝族者也。母同生，故为亲者属，虽不同居，犹相为服。王肃以为从于继父而服，又言同居，乃失之远矣。"子游、狄仪，或言齐缞，或言大功，趋于轻重，不疑于有无也。《家语》之言，固所未信。子游古之习礼者也，从之不亦可乎。①

庾蔚之认为，继子因继父有功于父族而为之服丧，同母异父兄弟则是与己同母所生，二服之依据截然不同。又引马昭之语，重申兄弟关系是系母而生，即使不同居也须互相服丧，批评王肃之说失礼意远矣，质疑《家语》之言，未足采信。庾蔚之以为子游为习礼之人，应从其所制为允。

齐张融云：

> 与己同母，故服大功。而肃云从继父而降，岂人情哉！②

张融同样认为制服的理由是因为二者同母，驳斥王肃从于继父而降之说不合乎人情！

---

①《通典》卷九一《礼典五十一》"大功成人九月"条，页2496。
②《通典》卷九一《礼典五十一》"大功成人九月"条，页2496。

这几位六朝的礼学家皆认为同母异父兄弟互相服丧是因为彼此有共胞同生之亲,故不论是否同居,都理应有服,与郑玄说法相似。六朝的礼学家认为,继子为继父服是因为继父助继子立庙祭祀,有功于继子父族之香火延续,与同母异父兄弟服,所据理由不同;批评王肃主张从于继父同居而有服,于礼不通且失于人情。显示诸人所根据的"人情",对同母异父兄弟相当重视。诸人虽然于制服轻重尚有歧异,但至少皆有大功之服;而对于王肃主张的反驳以及同母异父兄弟应当制服的理由,看法如此一致,似可证东晋南朝认为同母异父兄弟有服,已凝聚共识;反映了时人对于一母所生,同胞之亲的人伦关系十分重视,无形中反而轻忽了礼制中的父系中心原则。

结　论

魏晋时人努力将丧服礼落实于生活实践当中,却发生许多人情与礼制难以应合而违礼伸情的问题。孝子为母亲的服丧,有依礼应厌降而子不愿厌降,或依礼应服重,子却没有服重的情况,产生许多争议;其中尤以子为父后或为人后,为庶生母服丧的争议最多。丧服礼制中,孝子为庶生母的服丧规范,特别受身份尊卑的影响,庶生母子关系在父系礼制的限制下特别压抑。东晋时期,子为后、为庶生母服,在朝廷引起多次论争,主张应据礼制服轻者,执"尊祖敬宗"与"尊父"之父系价值;主张伸孝子之情服重者,则多依"母以子贵"为说理。朝廷虽欲干涉孝子为庶生母的服丧,但终究无法遏止服重的风气,孝武帝时,限定子为父后、为庶生母制大功九月,成为晋代成典,取代《仪礼·丧服》中庶子为父后、为所生母服缌麻三月的规范。孝子怀着对母亲的感情,抗拒父系礼制对庶生母的压抑,在时代风尚与孝子情感呼应的情况下,子为庶生母服丧,在魏晋时期取得顺应人情的重大发展。

子为父后、为出母服丧,是孝子为母服丧另一个时常发生争议的问题。于礼,子为父后、不应为出母服。礼制的规范,着眼于父母离绝,子必须从父、尊父,以及子继承父亲家统必须维护"尊祖敬宗"的精神,要求子若为父后,不可为"得罪"于父亲的出母服丧。若考虑现实情境可能发生的情况,母亲被出的原因也许是家内妻妾斗争的结果,也许是夫妻感情问题,也许是夫家对母亲过于严苛,其情境不是"七出"所能限制,也未必是儿子所能接受的;出母的处境,与出母和儿子之间的往来,亦超出父系礼制的考量范畴。父系礼制忽略儿子与出母的感情与互动,儿子成为家长之后,有了自专的权力,因此"违礼"服丧的现象便可能不时发生。几个魏晋时期的案例以及礼学家的评议,皆显示孝子为出母服在魏晋有其他的意见主张。想要为出母服丧的儿子以及赞成孝子为出母服的礼学家,借由推衍礼制或阐释"父命"来为服丧证成;而反对孝子为出母服的礼学家,更是紧抓"父命"来贬抑出母。魏晋时人并未取得孝子为父后可为出母服丧的共识,在礼制上进行修正,但无论如何,魏晋时期孝子为出母服仍获得了相当的同情。

继子为继母服丧却出现另一种争议:继子应该据礼服重,却自作主张服轻。东晋王式为继母服丧,是一个特殊情境的案例,王式继母依前夫继子而居,而被王式认定为出母。朝臣的评议呈现两极的反应。赞美王式者,承认王式继母为出母,认为王式的服丧行为过厚,但"观过知仁",其行可砥砺风俗。而痛责王式者,从父系礼制规范立论,认为王式继母出居不符合"七出"的程序,故并非出母;王式继母"夫死从子",王式未遵行"继母如母",以子出母,违礼犯教,罪不可赦;依各种父系礼制规范来检视现实人伦关系,责备王式所行不合于制度。事件的发生或许是王式排挤继母,以致继母流离于前夫之门;或许是王式继母眷恋前夫继子,自绝而去。前者,王式有违人子之情,后者,王式继母不合为母之道。无论谁是谁非,继母已死,将继母比于出母的王式,下场十分凄惨,凸显了父系礼制控制母子关系的强大力量。

魏晋时人讨论子为父后、为出母服,时常援引子为嫁母服比附。《仪礼·丧服》中没有子为嫁母服的规范,它是汉晋间逐渐发展而成的新礼制。汉晋间礼学家对子为嫁母服的讨论,显示现实人伦存在儿子与嫁母的往来,礼学家尝试将其纳入礼制规范。子为嫁母服,是依据现实需要而产生的,子为父后为嫁母服丧、子为嫁母之党服丧皆成为子为嫁母服的规范内容之一,和礼经规范的出母服相比较,更能反映现实母子人伦的实情,也因此,反而成为主张为出母服者时常援引的规范。

同时,同母异父兄弟服的发展也有相似的情况。同母异父兄弟虽然同母所生,但依据父系家族的原则,分属为两个父系家族的成员,《仪礼·丧服》中并没有制服。《礼记》记载孔门弟子的相关讨论,但并未说明制服的理由。汉魏以来,礼学家的讨论,或以为同母所生故有服、或以为与继父同居,故为其子服;现存史料所见,东晋南朝的礼学家皆驳斥从于继父而服的说法,一致认为同母异父兄弟的人伦关系来自于母亲,“同胞共生”理应有服,且主张的服制至少皆大功以上,已划入父系礼制中人伦亲疏的界线,超过为外祖父母的服丧。由此可见,在礼制规范未明的空间中,时人对于母亲血缘的重视,再次逸出父系礼制的规范,反映现实人伦中的亲生母子关系远较礼制规范亲密。

孝子观点下的为母服丧,对父系礼制形成了许多挑战和修正。孝子欲伸情服重的对象,皆是自己的生母,而对继母却反而可能主动降服,显示人子对母亲的感情,无法如父系礼制规范的齐一。在父系礼制的控制下,各种母子关系、各种母子情感与经验,必须被化约为符合礼制的形态,否则往往遭受朝廷的干涉,严重者甚至入罪。然而父系礼制强大的控制力量,并不是没有突破点,母子的情感恩义虽然屡屡被父系制度贬抑为“私情”,但所谓“母子至亲”“母以子贵”,依然是魏晋时人所重视的“人情”。从情礼冲突到“缘情入礼”，亲生母子情感的伸张，成为魏晋时代礼制发展的特征之一。

孝子为母服丧的情形，显示丧服礼制对母子关系的规范未能满足人情，在现实生活中母与子的关系实态究竟如何？魏晋时期孝子为母伸情何以能够打动人心？笔者将利用第四章和第五章，讨论母子关系礼不胜情的现实脉络，以及礼法之外，塑造母子关系、影响母子互动的主要文化价值。

第四章　荣辱与共的母子关系

孝子观点下的为母服丧,与父系礼制规范不尽吻合。孝子为原本应降服的庶生母伸情服重,成为魏晋的风气;孝子为父后、为出母服丧也获得不少同情;孝子为嫁母服更在礼制的空隙中顺应人情发展成立。显示丧服礼制严格的父系精神不能如实反映现实中的母子关系。父系家族的绵延不衰,需要母亲生、养子嗣;母子关系在父系制度及家族结构的影响下,在许多方面发展成为父系家族的助力,同时无形中也可能加强了母子关系的亲密和联结,与父系礼制一心凸显父系,压抑母子关系的企图不能应合。

本章讨论在家族结构的影响下,母与子尊卑相随、荣辱与共的现象。家族礼法依"嫡庶之辨"安排妻妾与子女的尊卑次序,这样安排的目的,是为了维持家内的尊卑秩序,避免妻妾、子嗣之争。母子地位相连,一方面可能使亲生母子关系更紧密,共同为提升地位而努力;另一方面,"贵嫡"也可能分散庶生母子的情感,或转移庶子对生母的认同。礼法原则在生活中的运作,又常常受到家父长好恶情感的介入,扭转母子的贵贱处境,甚至改变原有的母子名分,对母子人伦有很大的影响。

本章分为三节。第一节讨论礼法制度所架构的妻妾子女尊卑次序及调整此次序的原则,包括"嫡庶之辨""子以母贵"以及"母以子贵"。第二节加入考量家父长好恶的影响,讨论文化生活中"子以母贵""母以子贵"丰富多元的面向,据此推论母子在家庭及社会上被视为"一体",而互相影响其地位的升降,凸显出一妻多妾的家庭以生母为凝聚核心形成各个“母子集团”，兄弟之间同母者相亲，异母则互相排挤，形成家内以母亲为核心的情感认同以及“母子集团”之间的斗争。第三节则从反面的角度讨论“父命”及“贵嫡”，凸显父权对生身母子人伦的破坏性，以及嫡母对庶生母可能产生的排挤效应。

第一节　嫡庶之辨

在一妻多妾的婚姻体制中，为了维持父系家族秩序的稳定，必须有一套安排妻妾身份次序的机制，也就是礼。礼法上，妻妾身份的区别从婚姻缔结之始即已定立，不由个人主观好恶随意更改。《礼记·内则》云：“聘则为妻，奔则为妾。”①缔结婚姻有一套隆重的仪节，只用于娶妻。郑玄云：“妻之言齐也，以礼见问，则得与夫敌体。”②认为婚姻的仪节是妻得与夫敌体的关键。《礼记·昏义》阐发婚姻仪节之义：

> 昏礼者，将合二姓之好，上以事宗庙，而下以继后世也，故君子重之。是以昏礼，纳采、问名、纳吉、纳征、请期……所以敬慎，重正昏礼也。……父亲醮子而命之迎，男先于女也。……妇至，婿揖妇以入。共牢而食，合卺而酳，所以合体，同尊卑，以亲之也。③

婚姻非仅个人的结合，更促成两个异姓家族之友好。而妻于家庭中

---

① 朱彬：《礼记训纂》卷一二《内则》，页441。
② 朱彬：《礼记训纂》卷一二《内则》，页441。
③ 朱彬：《礼记训纂》卷四四《昏义》，页877—878。

必须协助丈夫行宗庙祭祀的职责,以及负起诞育子嗣以传宗接代的使命,所以娶妻对于父系家族是非常重要的一件事。纳采、问名、纳吉、纳征、请期、亲迎,为婚仪之“六礼”,以如此繁复的程序表示对于缔结婚姻的恭敬慎重。婿将妇亲迎到家之后,有两人共进一顿饭的仪式,夫妇共牲而食,合用一瓠解成的两瓠来饮酒,以表示夫妇结合为一体、尊卑相随以及亲爱之情。妻在家庭中须克尽奉粢盛、养舅姑、育子嗣的妇职,在夫家职责重大;其身份与夫有敌体相随之义,故地位尊贵。

相对的,纳妾的仪节于礼未明,“不以礼为奔”。① 东晋王浑任徐州刺史时,娶琅邪颜氏为后妻,婚礼仪式中应夫妻交拜,而观礼者以为王浑为州将,新妇为州民,王浑的身份无由答拜。王浑之子以父亲不答拜,不成娶妻之礼,便把颜氏看作妾。② “反映了魏晋以下家族礼法的严格,以及当时人妾不备礼的观念。”③妾的身份低贱,不得体君,称“君”不称“夫”。其在家内地位之低,观《仪礼·丧服》之中妾为君(夫)服斩衰三年,为“女君”(嫡妻)服齐衰期,而二者皆为妾无服,④以及庶子为生母服丧受到许多身份条件限制,庶生母为子服反而有重于子为庶生母服者,即足以清楚明了(见第二章第二节妾母子服丧的讨论)。

据学者的研究,自西汉中叶以来,随着士族的发展,儒家礼法逐渐抬头,嫡庶尊卑之辨渐被强调。东汉以来士族重视婚姻门第的匹敌,延续至魏晋南北朝以世家大族为中坚的社会,妻妾嫡庶之辨更为严格。⑤ 西晋武帝于泰始十年(274)下诏:

---

① 朱彬:《礼记训纂》卷一二《内则》,页441。

② 余嘉锡:《世说新语笺疏(修订本)》下卷下《尤悔第三十三》,上海:上海古籍出版社,1993年,页896。

③ 刘增贵:《魏晋南北朝时代的妾》,页11—12。

④ 见《仪礼注疏》卷二九《丧服》,页4b;卷三一《丧服》,页10b。

⑤ 见刘增贵:《魏晋南北朝时代的妾》,页20—21。

> 嫡庶之别，所以辨上下，明贵贱，而近世以来，多皆内宠，登后妃之职，乱尊卑之序，自今以后，皆不得登用妾媵，以为嫡正。①

诏书中的“近世”是指汉末三国而言，当时帝王、权贵多有未遵礼制，嫡庶不分，而导致争乱败亡者，前辈学者已有详论。② 事实上，妻妾不分，往往造成诸子嫡庶身份混乱，最易引起继承问题、家族争乱，故晋人深以为鉴。陈寿在《三国志》中讥评吴主孙权，“嫡庶不分，闺庭错乱，遗笑古今，殃流后嗣”。③ 以为孙权横废无罪之子是导致孙吴衰亡的原因，④可见时人对于嫡庶不分的祸害特别警惕，相当强调“嫡庶之辨”的重要。

晋初议定新礼，以“礼无不答”为由，欲改汉魏故事，更制夫人答妾拜之礼。⑤ 在挚虞的主张下，继续沿用夫人不答妾拜之故事。挚虞指出：

> 礼，妾事女君如妇之事姑，妾服女君期，女君不报，则敬与妇同而又加贱也。名位不同，本无酬报……⑥

挚虞引《仪礼·丧服》中妾为女君之服，指出妻妾地位的悬殊比姑媳尊卑差距更大；虽“礼无不答”，但妾地位之卑贱使其成为例外。然而晋武帝的诏书透露了汉末以降，统治阶层多有嫡庶不分的现象，挚虞的上奏亦显示议定新礼的过程中，“嫡庶之辨”曾有松动。事实上，在

---

①《晋书》卷三《武帝纪》，页63。
② 刘增贵：《魏晋南北朝时代的妾》，页21。
③《三国志·吴书》卷五〇《妃嫔传》，页1203。
④ 见《三国志·吴书》卷四七《吴主传》，页1149。
⑤ 见《晋书》卷二一《礼志》，页661。
⑥《晋书》卷二一《礼志》，页661。

礼法的规范中,“嫡庶之辨”一直是受到强调的原则,而从史传中所见的情况却没有如此理想,姬妾以色事人,易于得宠,因宠而骄贵者所在多有。然而此类现象被记载的原因或是受到朝廷惩罚,或是导致家庭争乱的结果,或是成为议礼的材料,从父系家族的立场观之,留下的历史教训往往是再次重申“嫡庶之辨”的重要。但从妾的角度观之,竞宠争爱、嫡庶不分,则是女人晋升地位的一个管道。

魏晋南北朝时期,高门显贵拥有大量姬妾。在门第社会看重家族承续的风气下,广嗣继祖固然为纳妾的原因之一,而学者研究以为,史传所载之多妾者,多以奢侈著称,因此“上层阶级生活奢靡,纵情享乐才是大量妾侍存在的主因”。① 而妾的来源或出罪犯、或由劫掠、或因买卖,出身皆十分卑微,即使汉魏以降有以礼聘妾之俗,史传中纳妾以嫁娶称者所在多有,但聘妾之礼仍不可僭拟于妻。妾的地位卑微,为社会所贱视,高门之女除非没为罪虏,或战乱流离,少有愿嫁人为妾者。② 从许多方面来看,妾的地位有如家主的财产,赠送、嫁卖、殉葬、杀害等对妾的处置,皆显示侍妾地位之低贱,缺乏保障。③

从庶子为母党服丧的变化,可见证贵嫡贱庶在魏晋时代的强化。《通典》“继君母党服议”载:

> 贺循问徐邈曰:“礼,嫡母为徒从,嫡母亡则不服其党。今庶子既不自服所生外氏,亦以嫡党为徒从乎?”答曰:“古者庶子自服所生之党,故以嫡母党为徒从,故嫡母亡则不服其党。今庶子既不自服其外氏,而叙嫡母之亲矣,谓宜以名而服,应推重也。古今不同,何可不因事求中。”④

---

① 刘增贵:《魏晋南北朝时代的妾》,页8—9。
② 刘增贵的文章有详细讨论,见氏著《魏晋南北朝时代的妾》,页11—16。
③ 刘增贵之文有详细举例讨论,见氏著《魏晋南北朝时代的妾》,页17—20。
④《通典》卷九五《礼典五十五》“继君母党服议”条,页2566。

在讨论上面引文之前,有几点疑义必须先澄清。《通典》的体例,同一目次下之议礼皆按时间先后排序,本条定为晋代之议礼,排在车胤与臧焘,臧焘与徐藻问答之后。疑点之一,车、徐二人皆为孝武帝时期之礼官,①而贺循卒于元帝太兴二年(319),时年六十,②推论其生年应是魏元帝景元元年(260),远早于车胤等人,本条不应排序于其后。疑点之二,魏、晋史传中名徐邈者不止一人,而精于礼学者唯有徐藻之子,亦活跃于孝武帝朝廷。徐邈约卒于隆安元年(397),年五十四,③推其生年约在康帝咸康元年(342)。贺循与此徐邈并非同时期之人,二人不可能有此问答,《通典》所载显然有误。不过,《通典》本条之后,录有宋庾蔚之的按语,亦重申"今人复(不)服所生之党,则嫡母之党非复徒从,嫡虽没,犹宜服之"。④ 庾蔚之为刘宋著名之礼学家,《晋书·礼志》、《宋书·礼志》及《通典·礼典》中皆记载许多庾氏针对魏晋礼议抒发己见之文,故推论《通典》所载贺循、徐邈问答之内容应当确为晋代之现象,只是误植其中议礼之人名。贺循为东晋"儒宗","博览群书,尤精礼传"。⑤ 故问者并非贺循的可能性较大,若然,则此条应为东晋后期徐邈所答之议礼,合于《通典》本目次下之排序。

问者与徐邈的问答,显示子为母党服丧的情形,至迟在晋代后期已有所变化。从丧服制度观之,妾服君党与嫡妻同,而妾的亲人不在五服之内,并非夫家正式的亲属,但庶子犹从生母而服,只在庶子为

① 车胤在孝武帝太元中(376—396)官任国子博士(见《晋书》卷八三《车胤传》,页2177);徐藻在孝武帝宁康中(373—375)官任博士(见《晋书》卷二〇《礼志》,页624)。

② 见《晋书》卷六八《贺循传》,页1830。

③ 见《晋书》卷九一《徐邈传》,页2358。

④《通典》所载疑有脱字,"今人复服所生之党"应加一否定词,如此言"嫡母之党非复徒从,嫡虽没,犹宜服之"方可解。《通典》卷九五《礼典卷五十五》"继君母党服议"条,页2566。

⑤ 见《晋书》卷六八《贺循传》,页1830。

父后的情况下,才不服庶生母之党。① 子为母党服为“属从”,母殁,犹为母党服丧;子为嫡母之党服为“徒从”,嫡母殁,则不服嫡母之党(见第二章第一节)。问者与徐邈皆指称当时的习俗是庶子不服庶生母之党,而从服嫡母之党。两人都清楚礼制原来对子从服母党的规范,但庶子未依礼制从服生母之党,并未受到责难,反而认为“古今不同”可“因事求中”,欲将“属从”之服术移到嫡母之党的服丧,改变制度规范以配合当时之习俗。笔者认为庶子为母党服丧的变化,可能受到当时重视家族门第之风气影响,试推论之。

魏晋以降婚宦是用以维持家族门第兴盛的手段,联姻相当重视门当户对,与外家姻亲往来友好亦为理所当然。从前文之讨论已见妾的出身多半低贱,本家寒微,与其交接恐怕有辱门第。魏裴颁“所生微贱”,以“无舅氏”称。② 东晋周颉母李络秀,本家富足而门户低微。络秀嫁周颉父为妾,谓周颉等曰:“我所以屈节为汝家作妾,门户计耳!汝若不与吾家作亲亲者,吾亦不惜余年。”③络秀之语反映时人贱视妾的观念;以“不惜余年”威胁其子与本家“作亲”,可见东晋初年高门庶子不与庶生母之本家交接可能已成风气。因此庶子不服庶生母之党,只服嫡母之党,可能亦是受到门第观念的影响;以嫡母外家为舅氏,而不认生母外氏为亲戚。这样的转变显示,礼法中原已存在的“嫡庶之辨”,在时代风气重视门第高低的推波助澜下,表现更加深刻。

贵嫡贱庶是礼法上安排妻妾身份尊卑的主要原则,而母亲的身份尊卑连带影响所生子女的尊卑。《春秋公羊传》曰:

> 隐(公)长又贤,何以不宜立?立嫡以长,不以贤;立子以贵,

---

① 见《仪礼注疏》卷三四《丧服》,页 21a。
② 见《三国志·魏书》卷二三《裴潜传》,裴松之注引《魏略》,页 673。
③ 余嘉锡:《世说新语笺疏(修订本)》下卷上《贤媛第十九》,页 688。

不以长。桓(公)何以贵？母贵也。母贵则子何以贵？子以母贵，母以子贵。①

正妻之子为嫡子，嫡子中择立年长者为嗣，而不立贤者；媵妾之子为庶子，在没有嫡子的情况下，需择立庶子为嗣，则以立贵为原则，避免因众妾同时生子带来继承次序的争端。何休注云："礼，嫡夫人无子立右媵，右媵无子立左媵。"②在一妻多妾的婚姻制度下，妻在家内的地位尊于众媵妾，有"女君"之称，嫡子地位高于庶子，即是源于生身母亲为嫡，地位尊贵。隐公与桓公同为惠公之子，但皆不是嫡妻所生，但是"桓母右媵"，③为媵妾中地位最尊者，因此桓公贵于隐公。所谓"子以母贵"，正是指子依母亲身份之尊卑排定继承的次序。④因此隐公虽年长于桓公，又有贤能之名，仍以母贱而不得立。所以嫡庶贵贱之辨涉及两个层面，一是妻妾身份地位尊卑的划分，二是子嗣宗法地位高低的区别，前者影响后者，而后者又与家族继承问题密切相连，可见"嫡庶之辨"是一妻多妾家族礼法中相当重要的一环，母与子的身份尊卑有密切的联系。

除了"子以母贵"，《春秋公羊传》中亦提到"母以子贵"。何谓"母以子贵?"何休注云："礼，妾子立，则母得为夫人。夫人成风是也。"⑤"夫人成风"是指《春秋经》载："文公四年冬十有一月壬寅，夫人风氏薨。"⑥又"五年三月辛亥，葬我小君成风"。⑦ 风氏为僖公之母，庄公之妾，僖公得立，故尊为夫人。《春秋左氏传》曰："传，五年春，王使荣

①《春秋公羊传注疏》，《十三经注疏》阮元刻本卷一"隐公元年・春王正月"条，北京：中华书局，1996 年，页 3b—3c。

②《春秋公羊传注疏》卷一"隐公元年・春王正月"条，页 3b。

③ 何休注，见《春秋公羊传注疏》卷一"隐公元年・春王正月"条，页 3c。

④ 见《春秋公羊传注疏》，卷一"隐公元年・春王正月"条，页 3c。

⑤《春秋公羊传注疏》，卷一"隐公元年・春王正月"条，页 3c。

⑥《春秋公羊传注疏》，卷一三"文公四年・冬十有一月壬寅"条，页 74a。

⑦《春秋公羊传注疏》，卷一三"文公五年・辛亥三月"条，页 74a。

叔来含,且赗,召昭公来会葬,礼也。"[①]"含"是古代放在死者嘴里的珠玉等物,[②]"赗"则是赠给丧家用以送葬之物。[③] 杜预注曰:"成风,庄公之妾。天子以夫人礼赗之,明母以子贵,故曰礼。"[④]然而《春秋·文公九年》经曰:"秦人来归僖公、成风之禭。"《穀梁传》云:"秦人弗夫人也,即外之弗夫人而见正焉。"[⑤]以为秦人不以成风为夫人,以妾为妻非礼故正之。

《春秋经》记载僖公妾母为夫人,三传对《春秋》记其事的诠释互相矛盾。《公羊传》未针对成风为夫人特别解释,但在《隐公元年·春王正月》提出"母以子贵"之说;《左氏传》谓周天子以夫人之礼会葬成风合于礼,承认成风为夫人合礼;《穀梁传》则讥以成风为夫人是以妾为妻。春秋三传对于以成风为夫人是否合于礼见解不同,"母以子贵"在礼法上是否具有原则性的地位,一直是一个争议不休的问题。事实上,"母以子贵"与"嫡庶之辨",二者存有冲突,妻妾嫡庶之辨原本是由婚姻缔结的仪式而来,嫡庶的身份是固定的,而"母以子贵"却打破这项固定身份尊卑的原则,然而"子以母贵"加上"母以子贵",却使母子的命运结合更紧密。关于"母以子贵"对"嫡庶之辨"的冲击,以及对母子关系的影响,将在下一节讨论。

"嫡庶之辨"对母子关系的影响主要有两个相互矛盾的层面:其一是子随母而贵贱,母子身份地位紧密相连,祸福与共,使其关系更为亲密。事实上,母子荣辱一体、祸福与共,在现实生活中发生的情形,必须考虑父亲权力的介入,远超越"嫡庶之辨"的礼法框架。嫡生

---

①《春秋左传正义》,《十三经注疏》阮元刻本卷一九上"文公五年"条,北京:中华书局,1996 年,页 140c—141a。

② 参见王维堤、唐书文撰:《春秋公羊传译注》"文公五年"6.5.1 注 1,上海:上海古籍出版社,1997 年,页 268。

③ 见王维堤、唐书文撰:《春秋公羊传译注》"隐公元年"1.1.4 注 1,页 7。

④《春秋左传正义》卷一九上"文公五年"条,页 141a。

⑤《春秋穀梁传注疏》,《十三经注疏》阮元刻本卷一一"文公九年"条,北京:中华书局,1996 年,页 44b。

母子与妾生母子各为“一体”，竞宠争爱，加上在礼制中犹有争议之“母以子贵”颇能符合现实人情，使得母子荣辱贵贱相连，成为一个在多方面广泛呈现的现象。因此本书讨论“子以母贵”“母以子贵”的现象，将不限于礼法限定的情况，只要母子的处境与地位受对方牵连影响，皆为讨论的范畴。其二是贵嫡的思想和相应家族礼法的存在，使庶子承奉嫡母或甚由嫡贵夺育庶贱之子，产生削弱庶子与生母关系的现象。贵嫡贱庶对生身母子关系的削弱，留待第三节分析父命与贵嫡对母子关系的影响时再一并讨论。

第二节　母子一体

“嫡庶之辨”的礼法观念，由母亲的身份来安排子女的身份，带有将母子视为一体的意义。然而现实中母子被视为一体对待，互相影响其身份、地位、处境的情况，远远超出“嫡庶之辨”所限定的范畴。其中最明显的便是家父长的爱恶施于妻妾子女身上，往往亦是母子一体，爱屋及乌，成为影响家内人伦尊卑的另一重要因素。另外，“母以子贵”虽然在礼法上有所争议，但自春秋以来已成为行之久远的历史成典，为人子者在创业立功之后，将荣耀与母亲分享，符合人情的反应，亦合于孝道的观念，母子荣辱与共成为历史中的突出现象。由此衍生，在一妻多妾的家庭中，妻妾之间往往时有争端，嫡据名分，庶恃爱宠，嫡生母子与庶生母子各以母子关系结成“集团”，竞争地位与资源，成为另类的“派系斗争”。

下文将分析母子关系中荣辱与共的面向，分别讨论子以母贵，母以子贵的情形，本节为了便于讨论母子地位相连的实际情况，凡是母子的地位尊卑被相连对待，或互相影响在家内的处境者皆一并进行讨论，而不限于礼法上“子以母贵”“母以子贵”的特殊指涉。

(一) 子随母贵贱

狭义的“子以母贵”背后是“嫡庶之辨”的礼法原则。妻妾的地位以嫡庶定尊卑,妻为嫡为贵、妾为庶为卑,视其与父亲的婚姻关系而定立名分,一家之兄弟虽同父所生,亦随母的身份而分嫡庶贵贱,因此以“嫡庶之辨”划定的身份地位应该是固定而不受个人主观左右的。嫡庶的身份影响婚娶宦学以及继承的权力,母亲的身份尊贵,等于替子女未来良好的社会地位奠定了基础;反之若母亲为妾,地位卑贱,对于庶子的发展也会产生相当不利的影响。东汉末公孙瓒欲报袁绍杀弟之仇,出兵攻绍,表绍十项罪状,其中一条即言:

> 春秋之义,子以母贵。绍母亲为婢使,绍实微贱,不可以为人后,以义不宜,乃据丰隆之重任,忝污王爵,损辱袁宗。①

袁绍以婢贱之子而登高位,竟成为攻伐的十大罪状之一,与不忠不仁不义等罪并列,可见出身被时人重视的程度。事实上,公孙瓒的家世虽世为二千石,但瓒年少时,因为母亲身份卑贱,而执贱役,其年少境遇亦是贱庶之子受人轻蔑的明证。② 前文提及之裴潜,因“所生微贱”,“为父所不礼”,故“折节仕进”,仕魏多所更历。③ 可见母亲身份卑贱,连带使所生子在家内及社会上被人贱视,连自己的亲生父亲亦由此无骨肉之情。贱庶之子若想要出人头地,往往必须自己加倍努力以求过人的表现,或者幸运遇到特殊的机缘。

西晋王浚为晋朝功臣王沈的庶子,“母赵氏妇,良家女也,贫贱,

---

①《三国志・魏书》卷八《公孙瓒传》,裴松之注引《典略》,页 243。

② 见《后汉书》卷七三《公孙瓒传》,页 2357。

③ 见《三国志・魏书》卷二三《裴潜传》,裴松之注引《魏略》,页 673。

出入沈家，遂生浚，沈初不齿之”。[①] 王浚的母亲身份卑贱，连妾的名分都没有，出入于王家与王沈私通生子，浚虽为王沈的骨肉，但子因母贱而身份沉沦，王沈不齿认浚为子，王浚在家内及社会的地位可谓卑贱至极。后来王沈无子而卒，王浚时已十五岁，被王家的亲戚共立为嗣，袭封父爵，从此宦途青云，出将领军称雄一方，最后甚至欲僭号称王。[②] 王浚由庶贱子被立为父后，命运之别有如云泥，正可见子随母贵贱，嫡庶地位的不平等。盖礼法的原则“立子以嫡不以长”，嫡子有当然的优先继承权利，承继父爵及财产，并且作为家族的继承人在社会上享有较高的地位，尤其身处身份地位权力源于家族门第的社会，嫡庶贵贱的不平等影响十分巨大，虽一父所生，却可能贵贱贫富天差地别。庶子在家内地位既低，在社会上亦受人轻贱，若能被立为嗣，则命运丕然改变。

然而现实多有因家父长的好恶而嫡庶不分的情况，以妾为妻，或是立庶子为嗣不立嫡子，嫡庶在家内的地位未如礼制理想的尊卑有别。妾庶如何能威胁嫡母子的地位而有僭嫡的机会，主要的因素即在于家主的爱宠。妾的礼法地位虽低，其在家中的处境却因情况而异。大体上，在几种情形下妾的实质地位较高：第一是爱宠，第二是母以子贵，第三是出身旧族。[③] 妾出身旧族而抬高身份的例子多见于北朝，学者已有讨论，不再赘述。[④] 不过毕竟旧族出身而为人妾并不多见，妾的地位得以提升主要还是受到爱宠以及母以子贵。

从实际情况来看，姬妾以色事人，易于得宠，而宠妾之子亦在爱屋及乌之下，获得父亲更多的疼爱。东晋元帝郑夫人有宠，二子为帝所钟爱，均先后受封为诸王中地位最尊的琅邪王。（见第三章第一节）《世说新语》载，元帝因宠爱郑夫人，欲改立郑夫人所生司马昱为

---

①《晋书》卷三九《王浚传》，页 1146。

② 见《晋书》卷三九《王浚传》，页 1146—1149。

③ 见刘增贵：《魏晋南北朝时代的妾》，页 16—17。

④ 见刘增贵：《魏晋南北朝时代的妾》，页 16—17。

太子,后来受到王导的劝止而罢。① 刘宋始兴王浚为宋文帝之子,“母潘淑妃有盛宠。时六宫无主,潘专总内政。浚人才既美,母又至爱,太祖甚留心”②。始平孝敬王子鸾为宋孝武帝子,“母殷淑仪,宠倾后宫,子鸾爱冠诸子,凡为上所盼遇者,莫不入子鸾之府、国”。及子鸾出任南徐州刺史,帝又割吴郡以属之。③ 南齐“南康王子琳字云璋,世祖第十九子也。母荀氏,盛宠。子琳钟爱”。④ 前赵刘曜世子胤风骨俊茂,曜欲改立胤为太子,终以太子熙为羊氏所生,羊有宠,哀之不忍废。⑤ 子以母有宠而贵,或受封大国、或加节领军、或扩增属地,正所谓“其母好者其子抱”。然而反面观之,若爱弛失意,亦是往往母子俱黜,“其母恶者其子释”。⑥ 魏明帝曹叡为文帝嫡子,母亲甄氏失意于文帝,被诛,明帝险不得被立为嗣,直到文帝病笃,而郭后又无子,才得以顺利继位。⑦ 吴孙权子和,少以母王夫人有宠见爱,赤乌五年(242)被立为太子,后因母亲受谗失宠,母忧死而孙和太子之位亦被废。⑧ 东晋简文帝为会稽王时,元妃王氏生道生为世子,后母子并失帝意,俱被幽废。⑨ 可见家父长对妻妾的爱恶,往往扩及子女,母宠子贵,母黜子废,甚至超越礼法“嫡庶之辨”的限制。

礼法上的嫡庶地位十分不平等,而父宠夫爱却又可能扭转尊卑,于是妾母庶子便不可能皆安于名分,推让不争。嫡据名分,庶恃爱宠,在地位、利益的竞争下,母子同心同德争取有利的处境,嫡庶之争

---

① 见余嘉锡:《世说新语笺疏(修订本)》中卷上《方正第五》,页 304。
② 见《宋书》卷九九《始兴王传》,北京:中华书局,1991 年,页 2436。
③ 见《宋书》卷八〇《孝武十四王传》,页 2063。
④ 见《南齐书》卷四〇《南康王传》,页 714。
⑤ 见《晋书》卷一〇三《刘曜传》,页 2695—2697。
⑥ 见(清)王先慎撰,钟哲点校:《韩非子集解》卷五《备内》,北京:中华书局,1998 年,页 115。
⑦ 见《三国志》卷三《明帝纪》,页 91。
⑧ 见《三国志》卷五九《孙和传》,页 1367—1369。
⑨ 见《晋书》卷三二《后妃传下》“简文顺王皇后传”,页 980。

往往不断重演；异母兄弟情感不睦，往往被时人视为“理所当然”。东晋祖逖，少孤，有兄弟六人。史称祖逖年少即轻财好侠，每辄称兄意散谷帛以济贫乏。① 祖纳为逖之异母兄，史书称纳性至孝，少孤贫，常自炊爨以养母。② 似乎祖纳独与母别居，兄弟之间贫富悬殊。祖逖与同母弟祖约偏相亲爱，逖卒后，以约代领其众。③ 祖纳与祖约异母，二人不协。祖纳曾密启元帝，称约怀陵上之性，假其权势，终将为乱。时人认为祖纳与祖约异母，祖纳忌妒祖约宠贵，因此便将祖纳之上表给祖约看，祖约憎纳如仇，朝廷因此废弃祖纳。④ 纳母与约母之嫡庶身份未详，但由二者家庭贫富及在官场的发展观之，纳虽为兄，在家族中的地位却似乎较低。兄弟之间，同母者偏相亲爱，异母者却往往相互嫌憎，虽为兄弟有如仇敌；而时人揣测祖纳、祖约两人因异母故相陷害的想法，亦可见异母兄弟情感不睦在当时社会的普遍。由此观之，在一妻多妾的父系家族中，子嗣未必因同父而相亲，往往以自己的母亲为情感认同之凝聚核心，在家庭中形成不同的“母子集团”，而此“母子集团”才是家庭情感认同及利益结合的单位。⑤

为了避免嫡庶之争导致家族不幸，甚至出现了不举妾子的极端

① 见《晋书》卷六二《祖逖传》，页 1693。
② 见《晋书》卷六二《祖纳传》，页 1698。
③ 见《晋书》卷一〇〇《祖约传》，页 2625—2626。
④ 见《晋书》卷六二《祖纳传》，页 1699。
⑤ 在南北朝时期，北方因“鄙于庶出”且屡有“二嫡”并立的情形，此种“母子集团”之间的争斗又比南方严重。北魏李洪之微贱时娶妻张氏，张氏助洪之由贫至贵，生育子女几十人，但洪之后娶刘氏，而疏薄张，为两宅别居，偏厚刘氏。“由是二妻妒竞，互相讼诅，两宅母子，往来如仇”，见《魏书》卷八九《李洪之传》，北京：中华书局，1995 年，页 1919。陆定国娶河东柳氏，后又纳范阳卢氏，二娶皆是旧族，故嫡庶不分。柳氏、卢氏皆有子，定国亡后，两子争袭父爵，后以卢氏之子袭爵并尚公主，职位显赫，而柳氏子“沉废贫贱，不免饥寒”，见《魏书》卷四〇《陆定国传》，页 909。北魏崔祖龙与兄伯驎为异母兄弟，父亡后，二人讼竞嫡庶，甚至以刀剑自卫，宛如仇敌，见《魏书》卷二四《崔玄伯传》，页 633—634。嫡庶之争的结果，得立为嗣者，地位显赫，备享荣宠；不得立嗣者，沉沦于下，生活困顿。同父所生而命运乖违，其所争者可谓重大。

情况。史称吴诸葛谨“德行尤纯。妻死不改娶,有所爱妾,生子不举,其笃慎皆如此”。① 妻死不改娶避免了继嫡母子与前妻子的争端,不举妾子则避免嫡庶之争,诸葛谨之举被称为“笃慎”,竟有赞美之意,妾庶骨肉被人贱视的程度可见一斑。北魏卢度世的例子更为极端,卢玄有五子,只有卢度世为嫡出。“崔浩事难,其庶兄弟常欲危害之,度世常深忿恨。及度世有子,每诫约令绝妾孽,不得使长,以防后患。”到了其子卢渊这一代,不养妾子已成家族传统,婢贱生子,即使形貌相似也不举接。② 家父长为了预防贱庶僭嫡,甚至不惜残害骨肉,由此可见家父长权威之高,妾庶在家内地位之卑下,以及嫡庶相害问题的严重性。

(二)母以子贵

母子地位相连的另一面是“母以子贵”。“子以母贵”和礼法观念相应合,在经典中并没有争议,而“母以子贵”的事例在《春秋》三传中褒贬不一,且可能破坏“嫡庶之辨”,因此是否合于礼,受到相当大的质疑。东汉许慎和郑玄曾针对“母以子贵”是否合礼各抒己见,互相论难。许慎《五经异义》云:

> 士庶起为人君,母亦不得称夫人。父母者,子之天也,子不得爵命父母。至于妾子为君爵其母者,以妾本接事尊者,有所因也。……谨按《尚书》,舜为天子,瞽叟为士,明起于匹庶者,子不得爵父母也。至于鲁僖公本妾子,尊母成风为小君,经无讥文,公羊、左氏义是也。③

① 见《三国志·吴书》卷五二《诸葛谨传》,裴松之注引《吴书》,页1235。
② 见《魏书》卷四七《卢度世传》,页1046。
③《通典》卷七二《礼典三十二》“诸侯崇所生母议”条,页1975。

在人伦架构中，父母尊于子，卑者无由尊崇尊者，故子不得爵命父母。但许慎分别士庶为君与妾子为君的情况，认为前者子不得爵命父母，而后者之母为妾，妾身份卑贱，必须接事尊者，因此妾母反而可受子之爵命。许慎的说法将“母以子贵”限定于妾母，虽合理化“母以子贵”，但也更凸显出妾的卑贱地位。

郑玄不同意“母以子贵”合于礼之说，以为：

> 礼，丧服父为长子三年，以将传重故也；众子则为之周，明无二嫡也。女君卒，贵妾继室，摄其事耳，不得复立夫人。鲁僖公妾母为夫人者，乃缘庄夫人哀姜有杀子般、闵公之罪，应贬故也。近汉吕后杀戚夫人及庶子赵王，不仁，废不得配食，文帝更尊其母薄后，非其比耶？妾子立者得尊其母，礼未之有也。①

郑玄的论点包含两个礼法观念：礼无二嫡和不以妾为妻。这两项礼法观念与“嫡庶之辨”的原则息息相关，且有长远的历史渊源。春秋时代齐桓公会诸侯于葵丘，互相约束“毋雍泉、毋讫籴、毋易树子、毋以妾为妻”。②《春秋左氏传》曰：“并后匹嫡，乱之本也。”杜预注“并后”曰：“妾如后。”注“匹嫡”曰：“庶如嫡。”③因此早在春秋之时，古人即认为妻妾不分、嫡庶不辨将导致乱家亡国。郑玄以“嫡庶之辨”的原则为准，认为“妾子立者得尊其母”，并不合于礼。郑玄解释成风得为夫人不是由于庶子立为君，而是因为庄公之嫡夫人哀姜有杀子之罪，贬之不得为嫡，因此僖公得尊己母为夫人；西汉吕后有不仁之行，贬之不得配食高祖，而进文帝之母薄后配享，正可与僖公妾母为夫人相比。观郑玄之言，嫡夫人有罪须贬，才会出现妾子尊其母之事，与

---

①《通典》卷七二《礼典三十二》“诸侯崇所生母议”条，页1975。

② 见《春秋穀梁传注疏》卷八“僖公九年·九月戊辰”条，页32a。

③ 见《春秋左传正义》卷七“桓公十八年”条，页57c。

庶子立为君无关;认为“妾者立者得尊其母,未之有也”。完全否定“母以子贵”在礼法上的正当性。

然而两汉“母以子贵”的事例不时发生。西汉哀帝以外藩入继,尊崇祖母傅氏为恭皇太后、母丁氏为恭皇后,即以“《春秋》母以子贵”为由,①东汉和帝追尊生母梁贵人为恭怀皇后,亦是依据“母以子贵”,②顺帝追尊生母李氏为恭愍皇后,③桓帝尊崇生母匽氏为孝崇皇后,④灵帝尊崇生母董氏为孝仁皇后,⑤献帝追尊生母王氏为灵怀皇后,⑥皆是“母以子贵”的明证。《春秋》“母以子贵”之典故不断在现实中被引用,虽有礼学家驳斥为非礼,但在经典互相矛盾、礼学家意见不一的情形下,要统合出一个准则要求众人遵行实为困难。除了经典解释的问题,“母以子贵”亦由于符合人情,而难以禁止。西晋袁准在所著《正论》中再次针对“母以子贵”提出批评:

> 时俗之论曰:庶子为公,可以尊其母为夫人,《春秋》之义,母以子贵。……夫身为国君而母为妾庶,子孙所不忍,臣下所不安,故私称于国中,不加境外,此人子之情,国人之私,而亡于礼法之正也。假有庶子数人,并为三公,欲各尊其母,将何以止之?非圣人者无法,此大乱之道也。⑦

袁准谓“时俗之论”云云,可见魏晋时期“母以子贵”的说法依然甚为普遍。袁准虽然认为庶子为公各尊其母为大乱之道,但他从人

① 见《汉书》卷一一《哀帝纪》,页 335。
② 见《后汉书》卷一〇下《皇后纪》,页 417;卷三四《梁统传》,页 1172。
③ 见《后汉书》卷一〇下《皇后纪》,页 438。
④ 见《后汉书》卷一〇下《皇后纪》,页 441—442。
⑤ 见《后汉书》卷一〇下《皇后纪》,页 446。
⑥ 见《后汉书》卷一〇下《皇后纪》,页 452。
⑦《通典》卷七二《礼典三十二》“诸侯崇所生母议”条,页 1975—1976。

情的角度道出子贵而母卑，子孙不忍，臣下不安，人情之常如此，故往往出现违礼尊崇的情形。袁准非难人子以私情而亡于礼，正足以说明“母以子贵”现象不断发生的原因。笔者在第三章讨论了东晋时期庶子为生母服重渐成风气，时人赞成服重的主要理由便是“母以子贵”。

魏晋时期，时人亦经常引用《春秋》“母以子贵”，来证成妾母可以依恃贵子提升地位，尤其在上层阶级、庶子为父后的情况下特别常见。蜀后主刘禅，母甘氏为先主刘备妾。后主即位，诸葛亮上言，依“《春秋》之义，母以子贵”追谥为昭烈皇后，与先主合葬。① 西晋怀帝，母王氏为武帝才人，怀帝即位，追尊为皇太后。② 东晋哀帝，母周氏为成帝贵人。哀帝即位后，康献褚太后临朝称制，而政权实操桓温之手，哀帝不顾桓温等群臣反对，尊崇生母周氏为皇太妃。③ 简文帝之母为元帝夫人，简文帝在位短促，不及追尊生母，由其子孝武帝追尊祖母为“简文太后”；④孝武帝亦尊崇生母李陵容为皇太后。⑤ 安帝母陈氏，以美色入宫为孝武帝淑媛，太元十五年(390)卒，其时安帝被立为皇太子。“有司参详母以子贵，赠淑媛为夫人，置家令典丧事。”⑥安帝即位后，追崇为皇太后。⑦ 以上所见皆为“母以子贵”之明例，其中，孝武帝生母李陵容的际遇，最能彰显“母以子贵”的精义。

简文帝即位前为会稽王，有三子，皆夭。自世子废黜，其后诸姬绝孕将近十年。李陵容出身微贱，外貌“形长而色黑”，在会稽王宫中

---

① 见《三国志·蜀书》卷三四《二主妃子传》，页 905—906。
② 见《晋书》卷三一《后妃传上》，页 968。
③ 见《晋书》卷三二《后妃传下》，页 974；卷一一《礼志下》，页 657—658。
④ 见《晋书》卷三二《后妃传下》，页 980。
⑤ 见《晋书》卷三二《后妃传下》，页 981—982。
⑥《晋书》卷二〇《礼志中》，页 624。
⑦ 见《晋书》卷三二《后妃传下》，页 983。

执役当差,宫人皆以“昆仑”呼之。帝焦急于无子绝嗣,善相者以为李氏当生贵子,帝为继嗣之计而召李氏侍寝,遂生孝武帝、会稽王司马道子及鄱阳长公主。孝武帝即位后,尊李氏为淑妃,其后陆续进为贵人、夫人、皇太妃,仪服一同太后。太元十九年(394),帝同母弟会稽王司马道子上表言“母以子贵”,帝遂尊李氏为皇太后,母仪天下。孝武帝先太后薨,子安帝即位后,尊李氏为太皇太后,为皇室中辈分最高之人。李氏崩于隆安四年(400),群臣讨论安帝如何制服,左仆射何澄等五位大臣议曰:

> 太皇太后名位允正,体同皇极,理制备尽,情礼兼申。《阳秋》之义,母以子贵,既称夫人,礼服从正。故成风显夫人之号,文公服三年之丧。子于父母之所生,体尊义重。且礼祖不厌孙,固宜追服无屈,而缘情立制。……谓应同于为祖母后齐衰三年。①

朝议以为,从身份而言,“母以子贵”故称夫人;从血缘关系而言,父之所生,体尊义重;从人伦辈分而言,祖不厌孙,追服无屈,主张“缘情立制”。安帝从之,为李氏制服齐衰三年,是为家内女性服丧最重之服制。李氏原本仅为执役之宫女,地位十分卑贱,其见幸并非由于简文帝中意爱宠,而是作为广嗣的工具,李氏以卑贱之女而暴贵,完全由于生育贵子;尤其当所生继位称帝,更是母以子贵,得到古代女性所能享有的最高尊荣。

“母以子贵”,若从更广义的角度来解释,即儿子以其影响力改善母亲的地位和处境,则可清楚发现,诞育子嗣对古代已婚妇女的人生影响甚巨。从最基础的层面观之,“无子”被列为出妻的条件之一,嫡妻即使未因此被遣,在继嗣的需求下亦往往以纳妾救济,绪论所引于

① 《晋书》卷三二《后妃传下》,页981—982。

氏的故事即为明例。《礼记·丧服小记》云:“士妾有子而为之緦,无子则已。”①亦可见庶妾是否为家庭诞育子嗣,对于其在家内的地位有明显影响。所以一般而言,“有子”对妇人在家中的地位就是一种保障。即使贵为嫡妻,在一妻多妾的制度下,夫妇情义维持不易,儿子才是比较稳妥的依靠。

魏司马懿之妻张氏原受懿敬重,其后柏妾有宠,遂疏薄张。懿尝疾,张氏往省病而被懿斥骂,张氏惭恚不食,将自杀,诸子为母亦不食,懿只得向张氏致意抚慰。司马懿私下语人曰:“老物不足惜,虑困我好儿耳!”②可见夫妻之情无得久恃,即使嫡妻,亦需依赖子嗣的支持,方能稳固在家中的地位。

若所育为孝子、贤子,则母亲在家内、社会的地位亦得以获得提升与尊重。西晋伏太妃生汝南王亮、琅邪王伷、清惠亭侯京、扶风王骏。③“太妃尝有小疾,祓于洛水,亮兄弟三人(京早卒)侍从,并持节鼓吹,震耀洛滨。”恰巧武帝登台看见这般尊荣的排场,不免叹羡“伏妃可谓富贵矣”。④ 裴秀少有令名,而生母是婢,身份微贱,嫡母待秀母不礼。尝有客过访秀,嫡母令秀母下食与众宾,宾见,起而拜之,秀母答曰:“微贱如此,当应为小儿故也。”于是嫡母不敢再役使秀母。⑤

妇人有子也得以在遇灾祸困疾的情况下有所援助依赖。魏郭淮之妻王氏,从坐兄罪当收押系狱,郭淮之下属请淮留妻,而淮不从。淮五子叩头流血请淮,淮不忍视,乃追回妻子,书白司马懿曰:“五子哀母,不惜其身;若无其母,是无五子;无五子,亦无淮也。”⑥夫不留妇,而子不惜其身叩血留母,母若无子而遭此横祸,其命运可想而知。

---

①《礼记正义》卷三二《丧服小记第十五》,页269a。
② 见《晋书》卷三二《后妃传下》,页948—949。
③ 见《晋书》卷三师《宣五王传》,页1119。
④ 见《晋书》卷五九《汝南王亮传》,页1591。
⑤ 见《晋书》卷三五《裴秀传》,页1307—1308。
⑥ 见《三国志·魏书》卷二六《郭淮传》,裴松之注引《世语》,页736。

刘宋谢瞬生母郭氏久婴痼疾,瞬恐仆役营疾懈倦,躬自执劳,尝药捧膳照顾其母未曾有阙。郭氏因病畏惊,轻微的脚步声亦会使其受惊吓。谢家感于谢瞬之至孝,一家尊卑,咸纳屦而行,屏气而语,如此者十余年。① 庶妾婴疾十余年,若非有子悉心照料,其处境将何堪?何至于能让一家尊卑在生活上配合病妾的需要。可见"有子"不仅是父系家族继嗣的要求,对于在家内地位不稳定的妇人,得借子嗣于患难、疾病时相扶救,亦是一个比较安稳的依靠。

从生命周期的历程更进一步解释母子地位、处境的关联,当母壮子幼之时,母或据嫡贵名分,或恃家主爱宠,提升自己在家内的地位,连带使子以母贵;当子壮母衰时,儿子或继承为家长,尊奉母亲;或以其才能立功扬名,以本身的影响力提升母亲在家内及社会的地位;或在生活中母子患难相救、疾病相顾,母亲依靠儿子,母以子贵。子以母贵,母以子贵,母子的命运相互牵连影响,荣辱与共,使得一父所生之子,各以其母为情感认同的对象,形成家内数个"母子集团",同母相亲,异母相憎,有时不免发生互相争斗的家庭惨剧。

安排家内尊卑秩序的力量主要有两种,一是礼法的"嫡庶之辨",二是夫妻(妾)和父子之间的情感。"嫡庶之辨"虽是一项固定的礼法原则,但需要家父长遵守实行才有现实意义;而人之感情变化不定,却是最能直接影响现实人际互动的因素,尤其家父长在家内又具有至高的权威。礼法的力量与家父长的好恶在现实中交叠作用,影响母与子在家内的地位与处境,母子命运相连,如同共乘一舟,在父亲的情感之流中载浮载沉。直到儿子继承为家父长,成为安排家内秩序的新权威,这一代母子争取权力、地位的奋斗才告一段落,而新一代的"母子集团"斗争可能又将上演。

"嫡庶之辨""母以子贵"以及家父长的好恶情感,可能促使母子命运联结更为紧密,但父命的权威也可能破坏母子关系,同时贵嫡使

---

① 见《宋书》卷五六《谢瞻传》,页1558—1559。

嫡母享有的尊敬，亦可能削弱庶子对生母的认同。下一节将讨论“父命”对解除、建立母子关系的作用，以及“贵嫡”观念对庶生母可能发生的排挤效应。

第三节　父命与贵嫡对母子人伦的影响

从上节的讨论，我们已看出家父长的爱恶，对于母子在家内的地位和处境有很大的影响，其根源来自父系家庭中，家父长对家内成员拥有至高的统辖权力。在只包括父母和子女两个世代的家庭，父亲为家长，在包括三个世代的家庭，则祖父为家长。只要家父长还健在，子孙即使成年也不能获得自主权。① 本节以“父命”来指称家父长对家内成员的权威。家父长有出妻及命子出继的权力，也可以命妾为慈母，或命妻妾母养他子为子，换言之，“父命”可以决定母子关系的存在或消除。对于母子关系的存废具有根本影响。

我们已讨论过，在礼法上，夫妻离绝的权力片面地掌握在男方家庭，女性一旦被出，离开前夫的家庭，并不能将儿子一起带走，母子关系势必受到影响。《汝南记》载：

> 华仲妻本是汝南邓元义前妻也。元义父伯考为尚书仆射，元义还乡里，妻留事姑甚谨，姑憎之，幽闭空室，节其食饮，羸露日困，妻终无怨言。后伯考怪而问之。时义子朗年数岁，言母不病，但苦饥耳。伯考流涕曰：“何意亲姑反为此祸！”因遣归家。更嫁为华仲妻。仲为将作大匠，妻乘朝车出，元义于路傍观之，谓人曰：“此我故妇，非有他过，家夫人遇之实酷，本自相贵。”其

① 参考瞿同祖：《中国法律与中国社会》，台北：里仁书局，1984 年，页 7—8。

> 子朗时为郎，母与书皆不答，与衣裳辄烧之。母不以介意，意欲见之，乃至亲家李氏堂上，令人以他词请朗。朗至，见母，再拜涕泣，因起出。母追谓之曰："我几死，自为汝家所弃，我何罪过，乃如此邪？"因此遂绝也。①

邓元义之妻遭姑虐待，元义之父不忍而遣出，可见出妻之权是夫家家父长的权力，不限于丈夫本人，而出妻的情况也不限于犯"七出"才可行之。元义于路旁语人之言，似犹有留恋惋惜之情，然而，于礼，妇的重要职责在于奉养舅姑，如果舅姑憎恶媳妇，就算夫妇感情笃密也无法厮守终生。② 元义前妻虽再嫁，对其子邓朗似乎仍怀有深厚的感情，写信、送衣，仍欲维持母子的关系与情感，然而邓朗对出母的态度却是十分绝情冷淡。出母为了见儿子一面，必须托他词请之，似乎若邓朗知道是母亲邀约，便不会前来见面；而邓朗一见其母，"再拜，涕泣"，马上就离开，表现了决绝的态度。由邓朗见母涕泣观之，似乎并非没有人子眷母之情，然而行事却一再表现出不欲与出母牵连之意。母亲追出谓朗之语，透露其无奈被出的心情，及面对儿子不相亲近的伤心不满。母亲并非得罪被出，邓朗当亦明白，或许因出母已再嫁为他门之妇，或许朗父亦已再娶，所以邓朗待出母如外人，母子关系终究断绝。

从邓朗的例子可见父母婚姻关系的解除，不影响父子关系，但对于母子关系的影响十分巨大。虽说"母子至亲无绝道"，出妻之子仍为出母服丧期年，但当母亲离开了夫家，势必不再与己子一起生活，可能连见面都十分不容易，可想见出母与子要维持亲密的母子关系十分困难。邓朗之母的例子，正可看出在父系社会中女性宛若浮萍，

---

①《后汉书》卷四八《应奉传》，注引《汝南记》，页 1607。

②《礼记·内则》言："子甚宜其妻，父母不说，出。子不宜其妻，父母曰'是善事我'，子行夫妇之礼焉，没身不衰。"可见妇的职责以善事舅姑为重，夫妇恩爱与否反倒其次。（见《礼记正义》卷二七《内则第十二》，页 235a）

在父系家族之间或来归或遣去。来归时，是一个由外加入的陌生人，必须获得夫家众人的欢心，否则难以立足于家庭；一旦被遣去，意谓女性必须离开夫家，当初在夫家的努力付出仿佛化为泡沫，即便是自己亲生、抚育之子，亦是属于夫家之人，母子关系骤然中断，转眼已成路人。

夫妻离绝，往往是妻子离开丈夫的家庭，对母子关系的维系十分不利，即使是统治阶层的女性主动离绝，亦无法突破此父系制度架构。刘宋临川长公主嫁王藻为妻，"公主性妒，而藻别爱左右人吴崇祖，前废帝景和中，主谗之于废帝，藻坐下狱死，主与王氏离婚。泰始初，以主适豫章太守庾冲远，未及成礼而冲远卒"。后来宋明帝继位，特别打压嫉妒之妇人，湖熟令袁慆妻以妒忌赐死；又令近臣虞通之撰《妒妇记》；江敩当尚公主，明帝使人为敩作表让婚，讥刺宋世公主严妒，"有妨繁衍"。于是临川长公主上表，自白曰："妾遭逢奇薄，绝于王氏……今孤疾茕然，情寄所钟，唯在一子。……实愿申其门衅，还为母子。……特乞还身王族，守养弱嗣。"明帝许之。①

公主挟其身份尊贵，借皇帝侄儿报复丈夫的不忠，然而一妻多妾的制度依旧稳稳存在，公主只是依恃其身份，多一些权力反击丈夫移爱他人所带来的痛苦，然而离绝了变心的丈夫，嫁给另一个男子，仍然可能面对丈夫另结新欢的威胁。临川长公主与王氏离绝后，原本被安排再嫁，但婚礼未行，未婚夫便死，王室似乎未再另外安排婚嫁。明帝继位后打压妒妇的动作频仍，临川长公主或许在婚姻无着，且形势对有妒名之妇人不利的情况下，只好将自己的余生寄托在儿子身上，但在父系继嗣的制度下，儿子为王家人，要"还为母子"，公主就必须"还身王族"。要不是公主依恃其特殊身份，运用政治力量介入，女性离绝后主动求还夫家是不可能的事情，因此多数被夫所出的妇女，既不可能带走儿子，也没有权力要求重回夫家，只能接受与子分离的

① 见《宋书》卷四一《后妃传》，页1290—1292。

命运,可以想见对母子关系可能带来严重的破坏。临川长公主的例子凸显了女性处于父系继嗣的体系,即使权势可以变通部分行事,也难以摆脱以父系家庭利益为重的结构性限制。

家父长可以将母遣出,也可以命儿子出继为人后,同样可能对母子关系产生破坏。子出为人后必须受父命而出。晋羊祜无子卒,武帝令祜兄子暨为祜嗣,“暨以父殁不得为人后。帝又令暨弟伊为祜后,又不奉诏”。① 父殁不得为人后,即因无父命之故。② 可见人子不得自专个人的家族身份归属,而须依从父亲的命令,父命出便出。我们讨论丧服礼制时已提到为人后者身为所后家庭的继承人,必须将齐斩重服皆移于所后之父母,亲属人伦关系也以所后家庭为核心重新排定,因此一旦子出为人后,在礼法上便成为他门之子,原来的母子关系当然也会受到影响。第一章所引东晋于氏养二伯贺群之子为子,陶氏为贺群之妻,在丈夫的安排下,二子皆一出生即被送给于氏抚养。陶氏“时取孩抱”的举动显示出为人母的不舍之情,但丈夫将儿子给予于氏抚养的决定,身为生母的陶氏却没有反对的权力,母子关系被迫割断,而于氏却得以借贺群之命,养率为己子,可见父命对母子关系的影响。

父命子出为人后,目的是延续同宗他门之香火,母与子只能被动受父命的安排,母亲即使不愿己子出后,也无力反对。父命破坏了生身母子关系,同时也建立了为后者与所后母的母子关系,只是母子的情感,终究不是仅靠父命就能产生的。刘宋东平王子嗣,本为孝武帝

---

① 见《晋书》卷三四《羊祜传》,页 1024。

② (隋)刘子翊上表引羊祜事为例,引尚书彭权议:“子之出养,必由父命,无命而出,是为叛子。”认为羊暨以无父命故不出继为当。刘子翊表言武帝“下诏从之”。见《隋书》卷七一《刘子翊传》,北京:中华书局,1991 年,页 1652。《晋书》所载并无彭权之议,而言羊暨、羊伊不奉诏出继,武帝怒,收免暨和伊,另以伊弟篇奉祜嗣,以政治权力介入家族立后,与刘子翊所言不同。见《晋书》卷三四《羊祜传》,页 102。

之子，母谢昭容。子嗣出生后即受孝武帝之命出继东平冲王休倩为后。休倩为孝武帝之异母兄弟，薨时年方九岁，休倩母为颜美人，抚育子嗣不慈。明帝泰始二年(466)，子嗣生母谢昭容上表言："妾颜训养非恩，抚导乖理，情阙引进，义违负螟。……妾天属冥至，感切实深，伏愿乾渥广临，曲垂照赐，复改命还依本属，则妾母子虽陨之辰，犹生之年。"明帝许之。① 子嗣出生即奉父命出继，母子未尝享有片刻天伦，而所后祖母又抚育不慈，所生母不忍小儿受虐，上表求子还本，表文中表达为人母亲见幼子受虐心中的伤痛，令人同情。明帝虽许子嗣还本，然而同年即赐死，死时年方四岁，谢昭容与子嗣母子终究未能享有母子天伦之情。②

"慈母如母，贵父命也。"依礼，在妾子无母，妾无子的情况下，父命可另外安排妾母庶子缔结母子关系，如此子事慈母终其身如亲母。"晋崔谅父命妾祝抚养谅为子，祝亡，巨鹿公裴頠议，依礼服慈母如母。"③然而史传中因无母而遵父命为母子的情况，实不止于妾子母亡的情形。晋谯王司马恬妾生育二子而出嫁，恬命他妾为母养之。④妾贱，不得自专，有子而改嫁，应当亦是受家父长之命；子本有母，而父令出嫁，再命他妾母养之，似乎妾母庶子可任由父命排列组合成母子，罔顾母子的情感意愿。吴主孙权袁夫人，"有节行而无子，权数以诸姬子与养之"⑤。孙权夫人并立，有嫡庶不分之讥。袁夫人为袁术之女，因家世与品德而受孙权敬重，地位尊荣，孙权以诸姬子令袁夫人母养，目的似乎是救济袁夫人无子，而非因妾子无母。由此观之，

---

① 见《宋书》卷七二《文九王》，页 1881—1882；卷八〇《孝武十四王》，页 2069—2070。

② 除刘子嗣外，孝武帝诸子中，子勋、子房、子顼、子仁、子真、子元、子孟皆为明帝所杀，明帝残杀孝武诸子，是出于政治目的，子嗣之死与为人后还本应无关联。见《宋书》卷八〇《孝武十四王》，页 2059—2070。

③《通典》卷九四《礼典五十四》"大夫士为慈母服议"条，页 2556。

④ 见《通典》卷八一《礼典四十一》"诸王子所生母嫁为慈母服议"条，页 2205。

⑤ 见《三国志·吴书》卷五〇《妃嫔传》，裴松之注引《吴录》，页 1200。

父亲随其好恶、以其权威改变母子关系,受宠者,得以此补救无子之憾,而子被夺育之母,俨然变成生育的工具亦无可奈何。

慈母只指称妾,不指称嫡母,但若嫡母无子,即使妾子的庶生母依然生活在同一家庭,嫡母亦可以养妾子来弥补,因为嫡母原本就受礼法支持,在众母中地位最尊贵,父命结合贵嫡,对于嫡母十分有利。东汉明帝马后无子,贾贵人生章帝,而马后母养之,明帝谓马后曰:"人未必当自生子也,但患养之不勤,爱之不至耳。若能爱如己子,则孝敬亦如亲生矣。"①于是马后待章帝过于所生,章帝感养育之恩亦回报如亲子,史传载:"帝既为太后所养,专以马氏为外家,故贵人不登极位,贾氏亲族无受宠荣者。"②章帝生母贾贵人,为马皇后之外甥女,出身并不低微,诞育圣嗣,而不获尊荣,只因马后无子,以嫡尊身份抚养庶子为己子,庶子对母亲的认同,也因而转移。东晋元帝嫡妃虞氏无子,宫人荀氏生明帝及琅邪孝王,荀氏身份微贱,帝命虞妃母养二子。③ 荀氏因地位卑贱而被剥夺天伦,虞氏无子而以嫡妻之尊取代贱妾为母。贱者何其可哀,贵者何其可幸。可见嫡母若积极扮演母亲角色,对于庶生母的母亲身份会造成相当严重的威胁。

在礼法的规范中,"其夫属乎父道者,妻皆母道也",④因此庶子对嫡母也必须以母事之,而且比于庶生母更加尊重。所以妾不能单独为庶子之母,而必须与嫡母"分享"母亲的身份,且在礼法上被压抑在嫡母之下。因此,即使嫡母没有主动夺育妾子,在贵嫡的观念影响下,仍然可能分化庶子对母亲的情感与效忠,削弱庶生母子关系。在第三章讨论士庶子为生母服,曾指出时人对于嫡母是否厌降庶生母之服有所疑问,可见"嫡庶之辨"相当受到重视。虽然礼学家以为"妇

---

① (晋)司马彪:《续汉书》卷一《后妃传》,见(清)汪文台辑录:《新校本后汉书附补编十三种》,台北:鼎文书局,1977 年,页 314。

② 见《后汉书》卷一〇《皇后纪》,页 414。

③ 见《晋书》卷三二《后妃传》,页 971—972;卷三四《元四王传》,页 1725。

④ 见《仪礼注疏》卷三二《丧服》,页 14a—14b。

人无专制之义”，认为在丧服礼制上嫡母不厌降庶生母，但在现实生活中，贵嫡贱庶的确可能使得嫡母对生母造成“排挤效应”。

吴陈武有子修与表，陈修年长且为嫡子，陈表为庶子。陈修为继承人，早亡，由陈表主持家政，陈表的生母不肯侍奉修母，陈表谓母曰：

> 兄不幸早亡，表统家事，当奉嫡母。母若能为表屈情，承顺嫡母者，是至愿也；若母不能，直当出别居耳。①

陈表之生母原有意依恃己子统家，而抬高自己在家内的地位，陈表却坚守贵嫡贱庶的礼法，要求生母承顺嫡母，否则不惜请母亲出居别处。由此可见贵嫡贱庶的礼法观念的确对家内人伦秩序的安排起着很大的作用，连庶子本人亦视为理所当然。陈表的做法非但不是“不孝”，还受到史家赞扬。②

庶子在家内及社会皆受到贱视，若受到嫡母的青睐，对于其地位的提升有相当的帮助，因此庶子承奉嫡母不仅由于礼法上的要求，也可能为了身份地位的提升。南齐褚渊庶出而有才，侍奉继母吴郡公主孝谨，主爱之，舍己子而表渊为嫡。③ 根据《南史》的记载，褚渊被立为父后可能是屈意承顺嫡母的结果。褚渊在其父卒后，悉推财物予弟褚澄（继嫡母之子）；另外嫡母吴郡公主曾向褚渊生母郭氏索求渊父遗下的宝物两厨，郭氏起初欲不与，而褚渊劝母曰：“但令彦回（褚渊字）在，何患无物。”郭氏仍不许，褚渊流涕固请，郭氏不得已才

---

①《三国志·吴书》卷五五《陈武传》，页1289。

② 史书称：“（陈）表于大义公正如此。”见《三国志·吴书》卷五五《陈武传》，页1289。

③ 见《南齐书》卷二三《褚渊传》，页432。

答应。① 褚渊对生母所言,显示在其心中仍与生母较为亲密,但外在的行止,却刻意顺承嫡母。观褚渊以及前述陈表之例,庶子或受到“嫡庶之辨”观念的影响,或基于现实利益的考量,亦可能主动敬事嫡母,甚至在行为上尊奉过于所生。

总之嫡母在家内尊贵的地位,以及与众子之间理所当然的母子名义,对妾为母的身份与权力具有相当大的威胁,庶子依违于二母之间,对生母的尊敬与亲爱也许不免有所分散与削弱。不过,嫡母夺育妾子,往往仅发生在嫡母无子的情况;而庶子即使刻意奉承嫡母,也不至于完全不事敬生母,如章帝不追尊生母,实为少见之例。虽然东汉以降崇尚门第的风气,使“嫡庶之辨”更受重视,但对于母子而言,其尊卑荣辱往往是互相影响分享的,不过,嫡母对妾母的排挤威胁确实存在,对母子关系带来的影响亦值得注意。

结　论

中国自秦汉以降,以父系姓氏抟聚社会中的基础单位——家。为人子者一生归属于父系家族,认同于父系家族。然而在一家之内,诸子的身份地位并不一致。依礼,妻妾依“嫡庶之辨”的原则安排尊卑次序,而诸子则随母亲之尊卑定身份之贵贱,是谓礼法意义下之“子以母贵”。除了“子以母贵”,《春秋》亦有庶子为君,得尊其母为夫人之故事,《公羊传》曰:“母以子贵。”“母以子贵”虽然在礼学上有所争议,但因为符合人子情感的需求,故在现实中不时发生,成为后世时常引用的成典。

① 见《南齐书》卷二三《褚渊传》,页 432;《南史》卷二八《褚彦回传》,北京:中华书局,1992 年,页 748—749;参考刘增贵:《魏晋南北朝时代的妾》,页 23—24。

“子以母贵”“母以子贵”，带有将母亲与儿子视为“一体”而对待的文化价值倾向。而史传中所见，母子尊卑荣辱相连的情形，更远远超越礼制与典故的含义。在“子以母贵”方面，通常出现于子幼母壮的时期。一家之内，父亲的好恶对母子处境的影响，较礼法“嫡庶之辨”更有实质意义，而其发挥的情形，亦往往将母子视为一体对待，“其母好者，其子抱；其母恶者，其子释”。甚至超越礼法“嫡庶之辨”的限制。因此，儿子在家内的情感认同，往往是以母亲为核心建立，形成妻妾分立的母子集团，彼此争夺家父长的爱宠与权力。“母以子贵”方面，以子壮母衰之时期最为凸显。儿子或继承为家长，得以尊奉其母；或以其才能立功扬名，连带提升母亲在家内及社会的地位；或在生活中以孝道事奉母亲，患难相救、疾病相顾。因此女性若能生育子嗣，在家内才有比较稳固的依靠，对女性的人生影响重大。母子关系受母子荣辱与共的现象影响，显现无比亲密的一面。

然而家父长的权威及“嫡庶之辨”，对母子关系并非只有加强的影响。在“父命”方面，家父长有出妻及命子出为人后的权力，对母子关系造成极大的破坏。出母虽然与己子关系不绝，但出母离开前夫家庭，在空间上自然与儿子产生隔绝，而若前夫再娶或出母再嫁，更不易维持出母与子之间的情感与认同。父命子出继为人后，儿子便成为他家之继承人，应以所后母为母，建立新的母子关系，生母即使不愿意己子出继，亦没有权力反对。可见“父命”的权威，从某个面向来说，对母亲维持母子关系有相当大的威胁。

礼法上，家内众子不论嫡庶，皆须尊奉嫡母，因此庶母必须与嫡母“分享”母亲的身份，如果嫡母无子，可能出现嫡母夺育妾子的情形，严重威胁妾母为母的身份。另外，礼法上赋予嫡母的权力及尊奉嫡母的要求，也可能使庶子依违于二母之间，削弱庶子对生母的敬顺与情感。不过，从中古时期史传的例子来看，庶子亲近嫡母过于庶生母的情况十分少见，通常的情况是即使庶子敬顺嫡母，内心情感依然是和生母较为亲密。

综上所论,在一妻多妾的家族结构中,同父所生、一姓之子,命运与处境随亲生母亲贵贱而变迁,母亲亦以子嗣为人生之依靠,众母与诸子各自以所生结为"母子集团";此以亲生母亲为核心的团体,才是一妻多妾的家庭中,情感认同与利益集合的基础单位。"子以母贵""母以子贵"出于经典之言,而印证于家庭生活实态的丰富呈现,更见亲生母子关系的密切。除了家庭结构因素造成亲生母子关系紧密,社会文化对母子关系的期待及母子在生活中的互动实态,亦培养建立各种丰富多变却和礼制规范不尽吻合的母子情感经验,笔者将在第五章进一步讨论。

第五章　儒家文化下的母恩子孝

在孝子为母服重的主张中，为庶生母服重多依据“母以子贵”为理由，而为出母、嫁母服则以“母子至亲”为诉求。亲生母子在家族结构的影响下，命运荣辱与共的一面已在第四章讨论。本章以母子之间的互动为主题，探究母子共同生活的经验。所谓“母子至亲”如何印证于生活实态，不同的母子名分是否在母子互动经验上有明显的差别？

本章运用正史、传记及笔记小说等资料，讨论魏晋文化所偏重的母子互动面向，除了呈现母子人伦的突出特质，也试图比较不同的母子关系在生活互动及文化期望中的差异。必须说明的是，史传记载大部分虽以纪实的形式出现，然而往往寓有教化用意以及伦理价值观点，因此阅读这些记载，可说是透过文化的眼镜来观看母子人伦实态；史传记录除了反映一定程度的事实，也渗透糅杂了与母子人伦相关的文化价值。

本章分为四节，第一节讨论生育文化中的母子互动。生育一事，只与亲生母子相关。生育文化中对孕妇身体变化和胎儿成长发育的认识，反映了文化对亲生母子人伦的基本看法，以及相关的人伦期许；“母子至亲”在父系礼制中或许受到压抑，在文化价值上却有被强调的倾向。第二节以母亲教子为主题。大量的史事歌颂教子有方的母亲，显示贤母是文化期许的理想母亲形象，而这样的文化价值，理想上可以在各种母子人伦中复制，对于母亲的评价与母子互动产生重要影响。母教的内容包括哪些项目？不同的母子人伦在教育的互动中是否有所差别？重视母教的文化价值对母子关系产生什么影响?都是值得注意的问题。第三节从孝道及母权的角度看母子互动中的权力关系。母权的行使如何使母亲突破性别权力的限制,伸张其意志与欲望?不同的母子人伦对母权行使有何影响?母亲可对儿子施展权力,可能如何影响女性在家内的地位与处境?第四节讨论母子之间的情感。情感作为人际互动的产物,是许多行为的动机与动力。人子在孝道的要求下,对于母亲皆应孝顺,但情感的流露却是礼法不能完全掌控的。亲生母子与非亲生母子的情感是否有所差异?母子之情又如何影响母子人伦的互动?值得探究。

第一节　生我劬劳

从社会角度来看生育现象,生子广嗣是家族维持永续不绝的重要手段。男女结合方能诞育子嗣,然而文化观念将生育的责任片面加重在妇人身上,史传所载不孕求子者多为女性;医书中对于不孕,多针对女体下药治疗;在家族礼法或婚姻制度上对不孕的救济,也是针对妇人而设计。妇人无子,丈夫或去妻更娶,或纳妾广接,都形成对妇人不孕无男的指责与压力。就妇女本身而言,生育是生命中的大事,成则证明自己的生育能力,是一个正常没有问题的女人,同时确立自己在夫家的地位;败则可能饱受指责,或失爱被出或忍受丈夫纳妾,若于分娩时失败,甚至有性命的危险。妇人求子不仅止于顺利怀孕,更冀望一举得男,而且是得好男,毕竟男子才有可能成为父系家族的继承人,对于母亲在家中的地位影响巨大。①

在传统生育文化的观念中,母子的互动关系被认为从母亲受孕

① 参考李贞德:《汉唐之间求子医方试探——兼论妇科滥觞与性别论述》,页284—316。

怀胎那一刻便开始建立。怀胎期间，母亲的子宫便是胎儿的宇宙，母亲以自己的血肉供给胎儿成长的养分，母子身体相连可说是客观的生理现象，但古人更进一步认为母子物感相通，而引申出关于转胎、养胎以及胎教的看法，具有相当丰富的社会文化意义。怀孕期满，胎儿当自母体分娩而出，此时母子的互动有如敌体，却又性命相系，稍一不慎便有死亡的危险，母子性命相连，密切万分。

古人相信在怀孕初期可借由人力影响胎儿的性别，称为转胎，有效期限在怀孕三个月之前。转胎以转女为男为主，这与孕妇及家人期望能一举得男的心态密切相关。方术转胎相信孕妇的言行若与特定性别相关，胎儿便能转化，而且不论天生雄性的生物，或社会上代表男性的用品，都有转女为男之效。例如令孕妇“操弓矢、射雄雉、乘牡马、观虎豹”可生男，又汉魏六朝时期，令孕妇佩带或服食宜男花以求男，也在民间流行。服药转胎主要也是以孕妇服用象征男性的物件来影响转女为男。① 转女为男的强烈需求，显示社会文化对性别的偏好取向；而母亲经由物感相通的原理，在转胎的机制中扮演最主要的关系人，经由母亲在怀孕早期的言行活动，影响胎儿性别。因此在转胎观念的影响下，不能生男，果然其咎在母。

为了诞育健康的婴儿，孕妇自初孕至分娩皆需注意养胎。史传记载一则华佗医治小儿的故事，华佗认为小儿之病来自其母怀孕之时“阳气内养，乳中虚冷，儿得母寒，故令不时愈”②。可见母亲在怀孕之时的身体状态，对于新生儿的健康有很深远的影响，故养胎的方法着重于孕妇的健康照顾而以饮食调理为主。积极养护方面，根据对胎儿成长的认识，逐月给予孕妇适当的饮食及滋补之物。消极回避方面，往往不脱外象内感的观念，例如食驴骡令难产（个性），食兔

① 参考李贞德：《汉唐之间求子医方试探——兼论妇科滥觞与性别论述》，页309—310。
② 见《三国志·魏书》卷二九《华佗传》，页800。

令缺唇(形状),食豆酱令面黑(颜色)。① 总之怀孕期间孕妇与胎儿一体相连,欲求一身体强健形貌美好之子,必须从照顾孕妇做起,所谓一人吃两人补,孕妇不是单独的个人,摄食或禁口,皆须以胎儿的成长需求为主。

求好男之法,除了以养胎修好形貌,行胎教以培育胎儿性情更是母亲的重责大任。胎教的观念历史悠久,汉代士人便主张古代圣王即有胎教之法。戴德《大戴礼记》载青史氏曰:"古者胎教,王后腹之七月,而就宴室。……比及三月者,王后所求声音非礼乐,则太师缊瑟而称不习;所求滋味者非正味,则太宰倚斗而言曰:'不敢以待王太子。'"②刘向更引文王之母大任为例,说明孕妇应目不视恶色,耳不听淫声,口不出恶言,寝不侧,坐不偏,立不跛,割不正不食,席不正不坐。如此则生子形容端正,才德过人。③ "古代贵族要求孕妇举措适当,显然将教化新生儿的过程提早由母腹中开始。两汉之时,封建贵族的礼法观念向民间社会延伸,对子嗣性格的期望,主要以传统君子教育为模范。"④魏晋南北朝为门第社会,尤重家族传承,养育具有孝悌仁爱等伦理道德性格的贤子良孙,对于门第的维续十分重要,对于胎教的重视自是不在话下。北齐颜之推承袭汉人胎教之说,但以为怀孕三月即由母亲实施胎教,较之七月之说时间又更加提早。⑤ 在生育文化的影响下,孕妇在怀孕期间,前三个月要努力转胎为男,接下来的七个月则要端身正心,动静合礼,实是辛苦万分。

"在妊娠的十个月中,胎儿受母体的照顾而成形发育,二者有如

---

① 参考李贞德:《汉唐之间求子医方试探——兼论妇科滥觞与性别论述》,页311。

② 王聘珍撰:《大戴礼记解诂》卷三《保傅篇》,页59—60。

③ 刘向:《列女传》卷一"周室三母",见周光培编:《汉魏笔记小说》,石家庄:河北教育出版社,1994年,页24b—25a。

④ 李贞德:《汉唐之间求子医方试探——兼论妇科滥觞与性别论述》,页312。

⑤ 见王利器:《颜氏家训集解(增补本)》卷二《教子》,北京:中华书局,1993年,页8。

一体。日满月足，分娩时至，则二者必须分开。顿时，母子有如敌体，甚至胞衣此一与母子命脉相系的产余之物，都可能威胁产妇平安。”[①]据学者研究，汉魏六朝妇女的婚年大多集中于十四岁到十八岁之间，而妇女寿年的统计，显示二十岁到三十岁是妇女的死亡高峰之一，怀疑因产疾而亡，可能是当时妇女的重要死因之一。[②] 史书中不乏因产而卒的记载。西汉“长陵女子以乳死，见神于先后宛若”[③]。晋代刘寔之妻卢氏，生子跻而卒。[④] 诸显姨嫁米元宗为妻，产亡于家。[⑤] 刘宋孝穆赵皇后生刘裕时，以产疾殂于丹徒官舍，时年二十一。[⑥] 陈后主之长子吴兴王胤，母孙姬因产卒，沈皇后哀而养之。[⑦] 汉代名臣霍光的夫人曾表示“妇人娩乳大故，十死一生”[⑧]。南朝医家陈延之则形容妇女分娩时“下地坐草，法如就死也”[⑨]。可见生产对妇女的生命安全往往带来巨大威胁。史传中有因分娩过程不顺而影响母子感情者，《左传》隐公元年“庄公寤生，惊姜氏，故名寤生，遂恶之”[⑩]。“寤生”一说为“牾生”，指足先头出，亦即逆产。[⑪] 在汉代对于“牾生”更是厌恶，成为民间“生子不举”的原因之一。[⑫]

---

① 李贞德：《汉唐之间医书中的生产之道》，页 566—567。
② Lee Jen-der, “The Life of Women in the Six Dynasties”, *Journal of Women and Gender Studies* 4(1993)：47－80, Table I, Table V.
③ 孟康曰：“产乳而死也。兄弟妻相谓先后。”见《汉书》卷二五《郊祀志》，页 1216。
④ 见《晋书》卷四一《刘寔传》，页 1196。
⑤ (宋)李昉等编：《太平广记》卷二七六，引干宝《搜神记》，北京：中华书局，1995 年，页 2186。
⑥ 见《宋书》卷四一《后妃传》，页 1280。
⑦ 见《陈书》卷二八《后主诸子传》，页 376。
⑧ 见《汉书》卷九七《外戚传》，页 3966。
⑨ (日)丹波康赖(912—995)：《医心方》卷二三，引《小品方》，台北：新文丰出版公司，1982 年，页 25a。
⑩ 杨伯峻：《春秋左传注》，页 10。
⑪ 杨伯峻：《春秋左传注》，页 10 本条讨论。
⑫ 李贞德：《汉隋之间的“生子不举”问题》，页 752。

总论其上,传统生育文化认为不论是子嗣的性别、健康、贤不肖,皆与母亲息息相关,其关键就在于怀孕期间孕妇与胎儿的互动,母之所言所行、所见所感皆与胎儿感通,而造成深远的影响,尤其胎教之说将子嗣贤劣的责任全加诸于母亲身上,更增添妇女生育的辛苦与压力。刘向主张"人生而肖父母者,皆其母感于物"①。王充进一步指出"受气时,母不谨慎,心妄虑邪,则子长大,狂悖不善,形体丑恶"②。隋代《产经》更明言:"诸生子有痴疵丑恶者,其名皆在母。"③"言下之意,生子的面貌、健康和性情良窳,都由怀孕的妇女所左右;同时,也可以用来检验妇女从受孕到分娩的品行。"④而既认为孕妇与胎儿性命相系,感物相通,母子关系从母亲怀孕开始即亲密异常,再没有第二种人伦关系能如此亲近。而自古娩乳大故,有如就死,妇女为生育子嗣甚至付出生命。《诗经》曰:"哀哀父母,生我劬劳。"⑤虽以父母并举而言,实际上母亲在生育上的劳瘁,才真正是"欲报之德,昊天罔极"⑥。文化观念对孕妇赋予生好男的责任,一方面可能增添女性生育的辛苦与压力,另一方面也更拉近亲生母子的关系,母子感通的故事就是最好的证明。

史传中呈现的母子关系,有些仅见于亲生母子的互动,感通就是一个明显的项目,被视为亲生母子特殊的互动能力。但相对于怀胎期间母亲对儿子具有普遍的感通力量,长成之子与母亲的感通,只在

① 刘向:《列女传》卷一"周室三母",页25a。

② 见黄晖:《论衡校释(附刘盼遂集解)》卷二《命义篇》,北京:中华书局,1995年,页55。

③ 丹波康赖:《医心方》卷二二,引《产经》,页12b。

④ 李贞德:《汉唐之间求子医方试探——兼论妇科滥觞与性别论述》,页312—313。

⑤ 程俊英、蒋见元:《诗经注析》"蓼莪",北京:中华书局,1996年,页626。

⑥ 程俊英、蒋见元:《诗经注析》"蓼莪",页627。

孝子故事中不断复制。母子感通故事早在《吕氏春秋》已见传述,①但最著名且影响后世更深的当属曾参与其母。孔子弟子曾参是有名的孝子,《史记·仲尼弟子列传》载:"孔子以(曾参)为能通孝道,故授之业。作《孝经》。"②司马迁认为这部专门阐释儒家孝道和孝治观的经典为曾参所作。关于《孝经》的作者及成书年代,历代学者聚讼不已,看法颇多,③《史记》之曾参说为其中之一,不论是否属实,曾参作为历代孝子的模范是一个不争的事实。《论衡·感虚篇》载:

> 传书言:"曾子之孝,与母同气。曾子出薪于野,有客至而欲去。曾母曰:'愿留,参方到。'即以右手搤其左臂。曾子左臂立痛,即驰至,问母曰:'臂何故痛?'母曰:'今者客来欲去,吾搤臂以呼汝耳。'盖以至孝与父母同气,体有疾病,精神辄感。"④

传书未详是何书,但王充在《论衡·感虚篇》中引曾参母子的感通故事,可见此故事至少在王充之前已经流传。现存史料所见,早期出现的感通故事皆发生于母子之间,且被诠释为人子的孝行。《孝经》中亦有孝道感应的观念,"孝悌之至,通于神明,光于四海,无所不通"⑤。但感应的对象是天地万物及百姓,并不是指父母子女之间能够互相感应。王充对曾参故事提出怀疑,认为"世人颂成,闻曾子之

① 《吕氏春秋》记载,周代申喜失其母,闻乞人歌于门下而悲之,动于颜色,访之,果其母也。见吕不韦著,陈奇猷校注:《吕氏春秋新校释》卷九《季秋纪·精通》,上海:上海古籍出版社,2002年,页508。此条史料得阎鸿中教授提供,特此申谢。

② 《史记》卷六七《仲尼弟子传》,页2205。

③ 关于《孝经》作者为谁的各种说法,可参考汪受宽撰:《孝经译注》,上海:上海古籍出版社,1998年,页6—12。

④ 黄晖:《论衡校释》卷五《感虚篇》,页256。

⑤ (宋)邢昺:《孝经注疏》卷八《感应章第十六》,《十三经注疏》阮元刻本,北京:中华书局,1996年,页21b。

孝,天下少双,则为空生母搤臂之说也”①。王充的质疑更将感通故事的意义凸显出来,与其论争是否真有其事,不如检视它所代表的文化意涵:人们认为至孝之子便能够与父母感通,它代表的是孝道的极致展现。虽然传书的解释是父母并举,但父子感通的故事显然出现较晚。②

曾参母子感通的故事,到了晋代有了新的发展,干宝《搜神记》载:

> 曾子从仲尼在楚而心动,辞归问母。母曰:“思尔啮指。”孔子曰:“曾参之孝,精感万里。”③

母亲因心中思念儿子,而自啮其指,远在万里的儿子却能心生感应而归乡,孔子称赞以为是至孝而相感。这则故事虽然亦是以曾参母子相感为主轴,但内容和王充所引有两点不同,其一感通的空间距离更远,其二感应从四肢的疼痛转为内在心神的感应。然而曾子至孝能与其母感应的故事,不断流传复制,将感通作为表现孝道的方式之一是不变的观点。同样在干宝《搜神记》中另有一则相似的故事:

> 周畅,性仁慈,少至孝,独与母居,每出入,母欲呼之,常自啮

① 见黄晖:《论衡校释》卷五《感虚篇》,页257。

② 亲子感应多以曾子故事为原型,在母子关系间复制。父子之间的感应,史传中首见之例出现在《梁书·孝行·庾黔娄》:“庾黔娄字子贞,新野人也。父易……易在家遘疾,黔娄忽然心惊,举身流汗,即日弃官归家,家人悉惊其忽至。”(《梁书》卷四七《孝行传》,北京:中华书局,1992年,页650—651)《元史·孝友·杜佑传》也有一则直如翻版的记载。(《元史》卷一九七《孝友传》,北京:中华书局,1992年,页4459)可见此类故事的传述有其演进过程,首见于亲生母子,后扩及于父子,且内容重复性甚高。

③ (晋)干宝撰,汪绍楹校注:《搜神记》卷一一,台北:里仁书局,1999年,页133。

其手，畅即觉手痛而至。①

周畅母子的故事，简直是曾参母子的翻版，可见这类故事作为孝子事母的表现有其典范意义。周畅母子的感应故事可谓结合了《论衡》及《搜神记》两种曾参母子感通的模式，融合啮指和有意识的运用感应，作为母亲特殊的唤子方式。俗语说“打在儿身痛在娘心”，比喻母亲对孩子的爱护与不舍之情；观孝子故事，儿子对于母亲眷慕之至情，也能以母子身心相感的方式呈现。

《搜神记》是晋人干宝所辑纂，《晋书》本传言其自身曾见证神异之事，遂撰集古今神祇灵异人物变化，名为《搜神记》。② 其所记之事或承袭前人之记载，或采访近世之事迹，博采异同，虚实相混；其记录旨在明神道之不诬，供读者游心寓目，而并不标榜实事实录。③ 这两则故事以今日的眼光看来，自然怀疑其真实性，然而值得注意的是，孝子事母的表现，不论是甘旨奉养、护疾请祷、听命无违、居丧骨立等等孝行，基本上对象并没有生母、非生母的差别；而母子之间的感应，却只有亲生母子才会发生。母子精气感应的故事不仅在魏晋志怪小说中复制流传，正史列传亦有数例可查。《梁书》载：

(臧)盾有孝性，随父宿直于廷尉，母刘氏在宅，夜暴亡，左手中指忽痛，不得寝，及晓，宅信果报凶问，其感通如此。④

(阮孝绪)于钟山听讲，母王氏忽有疾，兄弟欲召之。母曰：“孝绪至性冥通，必当自到。”果心惊而返，邻里嗟异之。⑤

① (晋)干宝撰，汪绍楹：《搜神记》卷一一，页134。
② 见《晋书》卷八二《干宝传》，页2150。
③ 见《晋书》卷八二《干宝传》，页2150—2151。
④《梁书》卷四二《臧盾传》，页600。
⑤《梁书》卷五一《阮孝绪传》，页740。

这些记载中能与母亲感应的儿子清一色皆是孝子。母亲忽然暴亡,与臧盾手指莫名疼痛的感应,可以看出曾子故事的痕迹,而情境则从母亲有意识的思念呼唤,转变成对母亲疾病、死亡的感应。阮孝绪的母亲生病却阻止召回孝绪,理由是相信孝绪必当自到,似乎认为孝子必能感应母亲。而孝绪果然心惊而返,邻里为之嗟异,感通在社会评价中已成为孝道的极致展现之一。①

史传中也有母亲感应儿子的例子。《宋书》载:

> (朱)修之戍滑台,为虏所围,数月粮尽,将士熏鼠食之,遂陷于虏。初,修之母闻其被围既久,常忧之,忽一旦乳汁惊出,母号泣告家人曰:"吾今已老,忽复有乳汁,斯不祥矣。儿其不利乎。"后问至,修之果以此日陷没。②

修之的母亲于家乡悬念儿子的安危,一日身体忽然出现异状,枯竭的乳房涌出乳汁,母亲立刻联想到是儿子安危生变而号泣不已,可见母亲忧念之深。母亲的乳汁哺育幼儿成长,具有母爱、母性的象征,以此表现母子感应,更丰富了母子相连的身体意象。修之侍奉母亲是否孝顺,不得而知,然史传记载修之"性俭克少恩情,姊在乡里,饥寒不立,修之未尝供赡"③。似乎于骨肉亲情未见眷顾。相对于只有孝子才能感应母亲,母亲感应儿子的能力,似乎除了亲生并不需有附带的条件,背后预设了母亲必然关爱亲生子嗣的伦理

---

① 类似阮孝绪母疾心惊的故事,北朝也有事类。《周书·齐炀王宪传》载:"宪有至性,事母以孝闻。太妃旧患风热,屡经发动,宪衣不解带,扶侍左右。宪或东西从役,每心惊,其母必有疾,乃驰使参问,果如所虑。"宇文宪与母亲的故事,说明孝子与母亲的感通故事不限于南朝,此外也反映出这类故事的流传相当普遍。(《周书》卷一二《齐炀王宪传》,北京:中华书局,1992年,页196)

②《宋书》卷七六《朱修之传》,页1969。

③ 见《宋书》卷七六《朱修之传》,页1970。

价值。

感通故事从母啮指、子指痛，到母疾病、子心惊，可见流传演变的过程，这类故事的复制反映时人对于母子精气相感的事迹有一定程度的信服和推崇。这种仅限于亲生母子的相互感应，似乎源自于怀孕期间母子一体相连，进一步将感通自怀胎时期延续到儿子成年；当母子各自为独立个体仍旧能够互相感应，成为母子亲密关系的极致展现，显示文化观念认为亲生母子之间有一种特别的、亲密的神秘联系。同时儿子对母亲的感通被赋予了孝道的意义，社会给予能和母亲相感通的儿子高度的肯定与赞美。

文化价值预设母亲必然关爱亲生子嗣，然而史传所见，最常被歌颂的母爱并非母亲的抚爱照护而是严母教子。上文曾提及古人对胎教的重视，其内容彰显出对于母亲角色的期望强调的是端正有礼，动静有则，以此培育出具有儒家理想德性之贤子。学者从刘向《列女传》来讨论中国式的理想母爱，指出“母爱的表现主要不在对子女的抚爱或衣食呵护，而在如何将忠孝仁义的道德灌输在子女的身上。所谓‘善于教化，成其令名’，似乎才是母爱最成功的表现”①。可见母教一直是母职的重要内容之一，尤其被士人所强调，所谓“慈母多败子，严家无格虏”②。下一节我们就从母亲教子来讨论母子间的互动。

第二节　贤母之教

重视家族子弟的教育，是魏晋南北朝上层家族特别突出的现象。

① 邢义田：《从〈列女传〉看中国式母爱的流露》，《历史月刊》1988 年第 4 期，页 108。
② 阎缵上表引李斯语，见《晋书》卷四八《阎缵传》，页 1351。

《世说新语·言语》载谢安问诸子侄:"'子弟亦何预人事,而正欲使其佳?'诸人莫有言者,车骑(谢玄)答曰:'譬如芝兰玉树,欲使其生于阶庭耳。'"①谢安之问提出了一个事实——士族门阀皆希望能教养出优秀子弟;而谢玄的回答则点出了门第之值得受人推崇重视,正是因门第内有一流人物,恢宏家族,振兴门庭,若无贤良后代如何传承永昌?故门第与佳子弟正是两相衬益,更增光彩。钱穆曾指出魏晋南北朝时人重视教子,就现存此时代人教诲子弟子侄之篇章,论其数量之多,殆已超前绝后。② 大量的家训文学多为父兄对子弟的训勉教诲,见证了男性参与家庭教育的情况,而文字训诲可说是男性独有的教育方式,少见有女性主动留下训子之文。然此时代之史传,常见贤母教子的记载,或启发童蒙,传授家学,或发挥其政治智慧教子为官之道,或于平时教子立身处世之则,危难时教子应变保身之法,在在可见母亲对于子孙的教育涵盖层面广泛,影响十分深远,透过教育贤子,对于门第的维持贡献良多。

魏晋时期对于教子的重视连带地更加看重母教母仪,婚姻虽重阀阅,亦有因此而破例者。晋王湛求偶于郝普之女,王、郝二氏,流品悬殊,难以匹偶,今所以联姻,端在郝女容止端庄,举止合于礼度。既婚,"果有令姿淑德,生东海,遂为王氏母仪"③。门第所重的家风、家学多有赖母教传承培养,《世说新语·贤媛》载:"王司徒妇,钟氏女,太傅曾孙,亦有俊才女德。钟、郝为娣姒,雅相亲重。……东海家内,则郝夫人之法;京陵家内,范钟夫人之礼。"④二人皆为才德兼备之女,于家内各行母教礼法,著称于世,贤母对于家风的影响不言而喻。

贤母之教对于门第家风既如此重要,苟无女教何来贤母?故当

① 余嘉锡:《世说新语笺疏(修订本)》上卷上《言语第二》,页 145。

② 见钱穆:《略论魏晋南北朝学术文化与当时门第之关系》,《中国学术思想史论丛》(三),台北:东大图书公司,1977 年,页 161。

③ 见余嘉锡:《世说新语笺疏(修订本)》下卷上《贤媛第十九》,页 685。

④ 余嘉锡:《世说新语笺疏(修订本)》下卷上《贤媛第十九》,页 686。

时亦十分重视女教，且突破传统将女教局限于织纴纠组之事，于当时流行的文学、玄谈亦有涉猎，妇女成为家族文学德行教育的对象之一。西晋左芬善缀文，晋武帝爱其才而纳为贵嫔。其兄左思有女名惠芳、纨素，亦习文史，左思作《娇女诗》云："吾家有娇女，皎皎颇白皙。……握笔利彤管，篆刻未期益。执书爱绨素，诵习矜所获。"诗中形容女子受教的情况当是左家女教之实录。① 又如东晋谢安雪天于家内集宴，与儿女讲论文义，谢道韫为安兄之女亦在座，其文才敏捷冠于诸子弟，为谢安所赞赏。② 可见士族女子参与家族教育的情形。

总之，魏晋人重视文学德行的家族教育，女性是其施教对象之一，史传中不乏风姿可观的才女。妇女投入家族教育，施行母教，对于门第的兴盛与维持带来正面的作用；在母子互动方面的影响则可能促使母亲权威增强，以及子嗣更有回报母恩的需要。以下将史传中所见魏晋时期母教之大要加以整理讨论，不论是童蒙启发、立身之则、为官之道、保身避难之法皆可见母教的影响。

魏晋时期上层家族子弟的诗书教育多有由母亲启蒙者。西晋夏侯湛作《昆弟诰》曰："我母氏羊姬，宣慈恺悌，明粹笃诚，以抚训群子。厥乃我龀齿，则受厥教于书学，不遑宁论。敦诗书礼乐，孳孳弗倦。"③韦逞母宋氏，家世以儒学称。幼丧母，其父躬自抚养，及长，授以家学《周官》音义。自逞年小，宋氏即教逞，逞遂学成名立。④ 刘宋礼学家何承天，母徐氏，聪明博学，承天幼渐训义，儒史百家，莫不该

① 左思、左芬于《晋书》皆有传，见《晋书》卷三一《后妃传·左贵嫔》，页 957—962；卷九二《文苑传》，页 2375—2377。《左芬墓志》记惠芳、纨素为兄女，可证《娇女诗》即左思自写爱女。墓志释文见赵超：《汉魏南北朝墓志汇编》，天津：天津古籍出版社，1992 年，页 10—11。诗见逯钦立辑校：《先秦汉魏南北朝诗(上)·晋诗》卷七，北京：中华书局，1993 年，页 735。

② 见余嘉锡：《世说新语笺疏(修订本)》上卷上《言语第二》，页 130—131。

③《晋书》卷五五《夏侯湛传》，页 1497。

④ 见《晋书》卷九六《列女传》，页 2521—2522。

览。① 宗炳母师氏,聪辩有学义,教授诸子。② 魏晋时期贤母诗书之教不胜枚举,其中最著名的例子便是曹魏的钟会。史书载钟会"弱冠与山阳王弼并知名",③"及壮,有才数技艺,而博学精练名理"④。其学问成就与生母张氏的教育应有密切关联。钟会为其母作传曰:

> 夫人性矜严,明于教训,会虽童稚,勤见规诲。年四岁授《孝经》,七岁诵《论语》,八岁诵《诗》,十岁诵《尚书》,十一诵《易》,十二诵《春秋左氏传》、《国语》,十三诵《周礼》、《礼记》,十四诵成侯《易记》,十五使入太学,问四方奇文异训。谓会曰:"学猥则倦,倦则意怠;吾惧汝之意怠,故以渐训汝,今可以独学矣。"⑤

观钟会母亲张氏之教子,自四岁便勤加训诲,先授《孝经》,由孝道开始陶冶品格、启蒙知识,随着年岁的成长,逐次授习儒家之经典,经典习毕授以会父钟繇之《易记》,可谓家学传授之实例。自四岁到十四岁,钟会整个学识的基础与人格的养成可说完全由母亲奠基。张氏有意识地循序渐进的教导,培养钟会的求学方法与兴趣,十五岁方令其入太学,随师友习艺,增广见识。张氏的教育方法可谓善矣。除了教子读书,张氏还时时训以立身之道:

> (张氏)雅好书籍,涉历众书,特好《易》、《老子》,每读《易》孔子说鸣鹤在阴、劳谦君子、借用白茅、不出户庭之义,每使会反覆读之,曰:"《易》三百余爻,仲尼特说此者,以谦恭慎密,枢机之发,行已至要,荣身所由故也,顺斯术以往,足为君子矣。"正始八

① 见《宋书》卷六四《何承天传》,页1701。
② 见《宋书》卷九三《隐逸传》,页2278。
③ 见《三国志·魏书》卷二八《钟会传》,页795。
④ 见《三国志·魏书》卷二八《钟会传》,页784。
⑤《三国志·魏书》卷二八《钟会传》,裴松之注引《钟会母传》,页785。

> 年，会为尚书郎，夫人执会手而诲之曰："汝弱冠见叙，人情不能不自足，则损在其中矣，勉思其戒！"①

张氏个人喜览群书，特好《易》、《老子》，正是彼时玄风盛行的影响。从《易》中汲取人事方面的内容，摒弃汉代象数《易》学的神秘成分，已与魏晋玄学的路数如出一辙。② 张氏授学虽以儒家典籍为主，立身则沾染较多的玄风思想，训示钟会以谦恭慎密、淡泊自守为处世之则，戒盈满，勉谦抑。

钟会为司马文王所重，颇预政谋，张氏又谆谆诲曰：

> 昔范氏少子为赵简子设代邾之计，事从民悦，可谓功矣。然其母以为乘伪作诈，末业鄙事，必不能久。其识本深远，非近人所言，吾常乐其为人。汝居心正，吾知免矣，但当修所志以辅益时化，不忝先人耳。常言人谁能皆体自然，但力行不倦，抑亦其次。虽接鄙贱，必以言信。取与之间，分画分明。③

张氏以钟会身居枢机，恐其行事不正，而教其为官接物之道，勉以辅益时化，不忝先人，与人交接诚信不欺，取与之间应公正分明。

观钟会为母亲所作之传，母与子的互动不见抚爱慈育之描写，通篇几乎全为张氏教子的事迹。不论是读书、立身、为官接物，母亲皆能有所训诲，而这些在性别角色的划分下，通常是社会期望男性能有优秀表现的项目，女性不能借由读书、仕宦等活动功成名就，但她却可以教导儿子应该怎么做。对于张氏的描写，让人看到其性格严明谦抑，恭俭知礼，对于时局的变迁亦能清晰洞察，是一个聪明有识之

---

①《三国志·魏书》卷二八《钟会传》，裴松之注引《钟会母传》，页785—786。

② 参考李必友：《魏晋南北朝家族教育的特点》，《安徽师范大学学报》（人社版）27：2，1999，页212。

③《三国志·魏书》卷二八《钟会传》，裴松之注引《钟会母传》，页786。

妇人。钟会留下了母亲教子的宝贵资料,其所着重呈现的母亲形象,似乎可见社会的价值认为教子有方是母亲的最大成就,故为人子者特别凸显母亲对己的教诲来宣扬母亲的伟大;史传也特别喜爱歌颂贤母与母教。

贤母训子读书,不一定只有亲授诗书的方式,也并不限制于亲生母子。史载西汉翟方进,家世微贱,年十三丧父。在太守府为小吏,屡为掾史责辱,自伤不得志。后有相者言其有封侯骨,当以经术进,方进便辞其后母,欲往京师拜师求学。"母怜其幼,随之长安,织屦以给方进读,经博士受春秋。积十余年,经学明习,徒众日广,诸儒称之。以射策甲科为郎。二三岁,举明经,迁议郎。"后来方进位至丞相。① 翟方进的后母织屦以供给方进读书,求学的过程长达十余年,后母虽不是直接教导方进学问,然而方进得以成其学问,以经术拜官封相,后母实功不可没。

吴孟仁字恭武,本名宗,因避孙皓字讳而易名。② 时有南阳李肃者,少以才闻,善议论,臧否得中,众人皆服之。③ 孟宗少时从李肃学,宗母以小儿无德致客,学者多贫,故为李师作厚褥大被,经由对学者表达礼遇敬重之意,期望能让小儿与名师气类相得,学习有成。④ 宗母虽未亲自教子读书,然而对孟宗的教育显然十分关心,延名师而教之,又设想周到,细心地打理老师的生活,以便能使师生关系融洽,爱子能获名师倾囊相授。

晋皇甫谧出后叔父为子,"年二十,不好学,游荡无度,或以为痴。尝得瓜果,辄进所后叔母任氏。任氏曰:'《孝经》云:"三牲之养,犹为不孝。"汝今年余二十,目不存教,心不入道,无以慰我。'因叹曰:'昔孟母三徙以成仁,曾父烹豕以存教,岂我居不卜邻,教有所阙,何尔鲁

① 见《汉书》卷八四《翟方进传》,页 3411—3416。
② 见《三国志·吴书》卷四八《三嗣主传》,裴松之注引《吴录》,页 1169。
③ 见《三国志·吴书》卷五二《步骘传》,裴松之注引《吴书》,页 1238。
④ 见《三国志·吴书》卷四八《三嗣主传》,裴松之注引《吴录》,页 1169。

钝之甚也！修身笃学，自汝得之，于我何有！'因对之流涕。谧乃感激，就乡人席坦受书，勤力不怠"①。任氏虽非皇甫谧之生母，但观其言语，亦十分留心教子，谆谆之语，加上眼泪的攻势，终于感动皇甫谧奋发向学。

感化向善，使儿子知孝悌，亦是母教发挥的力量：

> 汉中程文矩妻者，同郡李法之姊也，字穆姜。有二男，而前妻四子。文矩为安众令，丧于官。四子以母非所生，憎毁日积，而穆姜慈爱温仁，抚字益隆，衣食资供皆兼倍所生。或谓母曰："四子不孝甚矣，何不别居以远之？"对曰："吾方以义相导，使其自迁善也。"及前妻长子兴遇疾困笃，母恻隐自然，亲调药膳，恩情笃密。兴疾久乃瘳，于是呼三弟谓曰："继母慈仁，出自天受。吾兄弟不识恩养，禽兽其心。虽母道益隆，我曹过恶亦已深矣！"遂将三弟诣南郑狱，陈母之德，状己之过，乞就刑辟。县言之于郡，郡守表异其母，蠲除家徭。遣散四子，许以修革，自后训导愈明，并为良士。②

这段记载中的母子互动十分丰富。前妻四子因穆姜非其生母而憎毁之，可见礼云"继母如母"，以配父之义要求人子以子道事之，而事实上人子的情感认同似乎并非如此单纯。穆姜为了化解前妻之子对己的憎恶，在母职的扮演上分外辛苦，待前妻子不止视如己出，更抚育过于所生，试图以慈爱感化其心，"以义相导，使其自迁善也"。在前妻长子疾困之时，扮演照顾者的角色，以母亲的慈爱尽心照料，终于感动其心，四子自诣官府请罪；而官府特别"表异其母"，亦可见后母慈爱前妻子被视为难能可贵。穆姜的努力抚育终于和睦全家，"训子

---

① 见《晋书》卷五一《皇甫谧传》，页 1409。
②《后汉书》卷八四《列女传》，页 2793—2794。

益明”,教导众子并为良士。成为少见的后母教子之典范。后母继子之间的冲突在史传中是一个突出的现象,值得深入研究,下一节将详细讨论。

训子忠义报国,是史传所呈现母教的另一个重要内容。东晋名将虞潭,母孙氏,年少守寡,誓不改节,躬自养潭,劬劳备至。孙氏性聪敏,识鉴过人。自潭幼时即训以忠义。永嘉末,潭为南康太守,时杜弢作乱,潭率众讨之。孙氏勉潭以必死之义,倾其资产以馈战士,潭遂克捷。及苏峻之乱,潭又假节讨峻。孙氏戒之曰:“吾闻忠臣出孝子之门,汝当舍生取义,勿以吾老为累也。”尽发家僮,令随潭助战,变卖所服环佩以为军资。孙氏不但要求儿子舍生取义,对于孙子也不例外,谓潭曰:“王府君(王舒)遣儿征,汝何为独不?”于是潭也遣子出征。① 孙氏所施行的母教内容是以忠义为优先,舍私情取大义,不仅在言语上训勉督促,更在行动上积极支持。潭屡平叛乱,以军功封侯受爵,②可谓得之于母教矣。朝廷拜孙氏武昌侯太夫人,加金章紫绶。潭立养堂于家,王导以下皆就拜谒。③ 孙氏可谓教子有成而荣显之明例。

东晋另一个成就儿子扬名立业的贤母便是陶侃之母湛氏。陶家贫贱,湛氏为侃父妾,每躬自纺绩资给陶侃,使结交胜己。④ 侃少为县吏,管理鱼梁,⑤曾将官府腌制的鱼寄回来馈赠母亲。湛氏将其退回,且回书责侃曰:“汝为吏,以官物见饷,非惟不益,乃增吾忧也。”⑥训示陶侃为官应清廉自守,避免嫌疑。

---

① 见《晋书》卷九六《列女传》,页 2513—2514。

② 见《晋书》卷七六《虞潭传》,页 2012—2014。

③ 见《晋书》卷九六《列女传》,页 2514。

④ 见《晋书》卷九六《列女传》,页 2512。

⑤ 鱼梁是一种捕鱼装置,以土石断小流,留缺口,用竹笱承之,鱼顺水流入笱中,可进不可出。参考张万起、刘尚慈:《世说新语译注·贤媛第十九》,北京:中华书局,1998 年,页 677。

⑥ 见余嘉锡:《世说新语笺疏(修订本)》下卷上《贤媛第十九》,页 691。

同郡孝廉范逵素知名，一日忽然过访侃家投宿，当时冰雪积日，侃家贫无物，而逵又马仆众多。湛氏令侃留客，自己想办法安排款待。湛氏乃将自己委地之长发裁下，以此卖得数斛米，斫诸屋柱，割半当作柴薪，铡碎卧席作为马料。由此得以款待贵客，连随从都招待无缺。① 范逵听闻这些舒适的招待是这样来的，叹息说："非此母不生此子！"②范逵既佩服陶侃的才华，又深感款待的厚意，到了洛阳向羊晫、顾荣等称美陶侃，大获美誉。③ 后来羊晫为十郡中正，举侃为鄱阳小中正，侃始得列为上品。④

以陶氏之贫贱，若无侃母湛氏平日辛勤努力资给，把握款待贵客的机会，帮助儿子结交贵友以推荐出仕，陶侃即使有才能也没有机会发挥，陶侃的成功可说是得力于母亲的教诲与自我牺牲。传统中国社会期望女性在家内扮演的角色大抵如此，牺牲自己，成就男性，因为男性才有光耀门楣的希望和机会。"非此母不生此子"一语，自西汉张汤之母得此誉后，便成为赞叹母亲的俗语。⑤ 一方面显示了时人对亲生母子关系紧密的看法，另一方面也看出母亲的成就并非建立在个人表现上，而是透过生育教养杰出的儿子，方能获得肯定与尊敬。

魏晋时期政治情势多变，母亲的教诲进可借以立身扬名，退则可保身避难。魏许允与夏侯玄、李丰等亲善，在司马氏与曹氏的夺权之争中受到牵连，而被流徙卒于道上。⑥ 许允的妻子阮氏与二子徙居

① 见余嘉锡：《世说新语笺疏（修订本）》下卷上《贤媛第十九》，页 689。
② 见《晋书》卷九六《列女传》，页 2512。《世说新语》本条无此语，刘孝标注引王隐《晋书》则作："闻者叹曰：'非此母不生此子。'"见余嘉锡：《世说新语笺疏（修订本）》下卷上《贤媛第十九》，页 689。
③ 见余嘉锡：《世说新语笺疏（修订本）》下卷上《贤媛第十九》，页 689。
④ 见余嘉锡：《世说新语笺疏（修订本）》下卷上《贤媛第十九》，刘孝标注引王隐《晋书》，页 689—690。
⑤ 见《汉书》卷五九《张汤传》，页 2646。
⑥ 见《三国志·魏书》卷九《许允传》，页 303。

墓所,司马师派钟会去察看许允的儿子,若才智德能和许允相当,便须加以收押。二子请教母亲应当如何应对,母曰:“汝等虽佳,才具不多,率胸怀与语,便无所忧。不须极哀,会止便止。又可少问朝事。”二子从母所教,于是免祸。[①]《魏氏春秋》曰:“卒免其祸,皆母之教也。虽(钟)会之识鉴,而输贤妇之智也。”[②]时人以为听从母教是二子得以避祸的关键。后来许允二子皆仕晋,并有才干令名。[③] 许家门户之不败,全得力于贤母之教,难怪时人对于母教要特别称扬。

与许允同时,际遇相似的王经,则为史传中不听母训而致祸之例。王经少贫苦,任江夏太守时,曾经未执行命令径自弃官归家。母知道实情后,以王经擅离职守,将经送付有司,杖五十。长官闻之,不复罪。[④] 后来王经仕至二千石,母劝王经曰:“汝本寒家子,仕至二千石,此可以止乎!”[⑤]王经不听。后来在司马氏与曹氏之争中,王经因助魏被收,经涕泣辞母曰:“不从母敕,以至今日!”[⑥]王经之母严以教子,知经违法犯禁,主动送交惩处,毫不徇私,反而使长官免除对王经的罪责。劝经止仕,未尝不是见政局不安,虑子安危而劝之。王经将招祸致难归因于“不从母敕”,可见对于没有依从母亲的教诲耿耿于心,悔恨莫及。经母虽受牵累,[⑦]然未以致祸相责,笑而谓经曰:“人谁不死,往所以止汝者,恐不得其所也。以此并命,何恨之有?”[⑧]可见经母仍是将国家公义置于个人私情之上,以为母子具死亦无憾,而

① 见余嘉锡:《世说新语笺疏(修订本)》下卷上《贤媛第十九》,页 674。
② 见《三国志·魏书》卷九《许允传》,裴松之注引《魏氏春秋》,页 304。
③ 见《三国志·魏书》卷九《许允传》,裴松之注引《世说新语》、《晋诸公赞》,页 304。
④ 见《三国志·魏书》卷九《王经传》,裴松之注引《世说新语》,页 304—305。
⑤ 见余嘉锡:《世说新语笺疏(修订本)》下卷上《贤媛第十九》,页 677。
⑥ 见余嘉锡:《世说新语笺疏(修订本)》下卷上《贤媛第十九》,页 677。
⑦ 见《三国志·魏书》卷九《王经传》,裴松之注引《世说新语》,页 305。
⑧ 见余嘉锡:《世说新语笺疏(修订本)》下卷上《贤媛第十九》,刘孝标注引《汉晋春秋》,页 677—678。

得以名留史册，成为千古歌颂之贤母。而王经悔“不从母敕”，也成为人子应谨记的教训。①

其他如晋羊琇受命为钟会之参军，听从其母辛宪英之教，卒得全身而归。② 杜有道妻严氏，少守寡，抚育一子一女，教以礼度，子遂显名于时，女亦有淑德。③ 南齐王融之母，临川太守谢惠宣女，“惇敏妇人，教融书学。融博学有文才，举秀才”。④ 例子不一而足。

母教的内容或识字启蒙，或经典家学的传授，或改过迁善，或训以忠义，或立身处世，或仕宦之道，或待人接物，涵盖面向十分广泛。母教进行的方式或亲授诗书，或涕泣以诉，或慈爱感化，或耳提面命，或以身作则，多是以母子直接接触互动的方式进行的，透露出母子在生活中接触频繁。母教往往是一种机会教育，在生活中不时出现，对人子发挥莫大的影响力。相对于生育文化中的母子关系，母教的施行不必限于亲生母子，而是所有母亲皆可行之的母职，且能获得社会文化高度肯定，但是汉魏六朝史传所见之例仍以亲生之母教子为多，穆姜之例正是以其行为之难得，而获得褒扬与记载。显示母子关系仍是以亲生者较为亲近；而且史例中非亲生的母亲施行母教，由于缺乏缘于天生的恩情，似乎采取柔性感化的方式比较可行。

贤母之教全子保家，最为士人所重，成为记载女子事迹的重要类别之一。子以母教而立功扬名，免难避祸之例，史不绝书。母亲以教导者的形象受史书称扬，具有期勉母亲应作贤母的意义，但另一方面也反映了现实中母亲的权威；同时，经由记载、传诵，树立起严母的形象，也使母权更为伸张。《梁书》载王僧辩母魏夫人“性甚安和，善于绥接，家门内外，莫不怀之”⑤。僧辩因罪下狱，魏夫人流涕徒行，自

---

① 西晋潘岳之例亦然。见《晋书》卷五五《潘岳传》，页1504—1507。
② 见《晋书》卷九六《列女传》，页2508—2509。
③ 见《晋书》卷九六《列女传》，页2509。
④ 见《南齐书》卷四七《王融传》，页817。
⑤《梁书》卷四五《王僧辩传》，页631。

陈无训,四处为子求情。及僧辩获免得出,母深相责励,辞色俱严。①《颜氏家训》载:"王大司马母魏夫人,性甚严正;王在湓城时,为三千人将,年逾四十,少不如意,犹捶挞之,故能成其勋业。"②魏夫人于人前和悦,教子则严厉甚至捶挞加之,被颜之推视为教子的模范,可见时人深信严母出贤子。而观僧辩与母之互动,年逾四十,犹受母亲捶挞,母亲对子嗣似乎有相当大的权威,这或许也和母教的提倡息息相关吧。我们在下一节将更深入地讨论母亲的权力。

第三节　母命难违

孝道的提倡是传统中国文化的特色之一,人子侍奉父母若色养不逮,或违背父母的意志与好恶,往往便被冠上"不孝"之名。"不孝"在儒家的经典中是一项非常严重的罪名,《孝经》云:"子曰:'五刑之属三千,而罪莫大于不孝。'"③以不孝为罪恶之极。西汉的律令即可见对于子孝的要求和不孝的惩罚。④ 统治阶层重视孝道,除了可能视其为人性之基本,也有借其教化天下以利统治的作用,⑤孝顺不仅作为家庭伦理的要求,更被扩大为国家治理的根本、个人所有品德的基础以及人生追求的终极意义。因此从个人身体发肤的保养,到立身行道,扬名于后世,以荣显父母,皆是孝道的实践。⑥ 父母与子女

① 见《梁书》卷四五《王僧辩传》,页 631。
② 王利器:《颜氏家训集解(增补本)》卷一《教子第二》,页 13。
③ 邢昺:《孝经注疏》卷六《五刑章第十一》页 18a。
④ 见李贞德:《西汉律令中的家庭伦理观》,《中国历史学会史学集刊》19,1987 年,页 14—21。
⑤ 见邢昺:《孝经注疏》卷一《开宗明义章第一》,页 7b。
⑥ 见邢昺:《孝经注疏》卷一《开宗明义章第一》,页 7b—7c。

的伦理关系在孝道观念的影响下，便产生上下的绝对权力关系，子女顺从敬事父母，乃为天经地义、理所当然的行为，父母对于子女的权威是中国家庭极为醒目的伦理现象。

魏晋时期政治上的倾轧斗争频繁，欲攻击对手必寻一合理的名目，“不孝”便是常见的理由，①甚至废立皇帝之大事，亦有以不孝为名者，②可见“不孝”罪名之重。司马氏篡魏后号称以孝治天下，武帝于泰始四年（268）下诏：

> 郡国首相，三载一巡行属县……士庶有好学笃道，孝弟忠信，清白异行者，举而进之；有不孝敬于父母，不长悌于族党，悖礼弃常，不率法令者，纠而罪之。③

朝廷责成地方长官注意地方风教，士庶可以孝行举进为官，若不孝则须入罪。事实上汉代即有举孝廉，晋武帝的诏令并非创新，只是一改曹魏人伦之浇薄，④重申重视孝道。提倡孝道也合于门第的需要，魏晋南北朝为了门第传续而重视教子，钱穆指出：“重教子则重孝

---

① 魏末毋丘俭、文钦讨伐司马懿，罪懿“为臣不忠，为子不孝”（《三国志·魏晋》卷二八《毋丘俭传》，页763，裴注引毋丘俭、文钦上表）；西晋庾纯与贾充、石苞等有隙，充以纯父老不供养毁之（《晋书》卷五〇《庾纯传》，页1397—1401）；东晋桓玄操控朝政，欲除会稽王司马道子，玄奏：“道子酣纵不孝，当弃市。”（《晋书》卷六四《简文三子传》，页1739—1740）

② 魏司马昭诬高贵乡公欲害郭太后，太后下诏以高贵乡公不孝，不可为人主而废之（见《三国志·魏书》卷四《三少帝纪》，页146—147）；东晋王敦挟持朝政，皇太子司马绍为朝野所钦信，王敦欲诬以不孝而废焉（见《晋书》卷六《明帝纪》，页159）。

③《晋书》卷三《武帝纪》，页57。

④ 建安二十二年（217）曹操为广纳人才，下求才令曰：“……负污辱之名，见笑之行，或不仁不孝而有治国用兵之术：其各举所知，勿有所遗。”（《三国志·魏志》卷一《武帝纪》，页49—50）

道。……试问岂有子弟不孝不悌,而能门第鼎盛,福禄永昌之理?”① 前文所举母教之例中,《孝经》似为时人之启蒙读本,自幼年起即教以孝道,对于人一生的影响不容小觑。魏晋时期虽有礼教废弛的现象,然而即使放诞如竹林七贤之流,亦有真情孝子。史称阮籍不拘礼教,而性至孝,居母丧犹饮酒食肉,然哀恸所至吐血数升,毁瘠骨立,殆致灭性。② 外显的行为虽不合于礼制规范孝子应有的表现,然而孝顺之情于礼犹有过之。在政治提倡以及社会气氛的作用下,正史体例自《晋书》始有《孝友传》,实非偶然。

儿子在与父母的生活互动中实践孝道,身体的奉养被认为仅是最基本的孝;顺从父母的意志,做到“无违”则是人子孝心的更高表现,所以极端而言,父母对于儿子握有绝对的权力。而父亲的权力更高于母亲,是家中的至尊,统辖所有家内成员,经济权、法律权、宗教权都在父亲手中。③ 母亲的权威主要施展于母子间的互动,扩及媳妇与孙辈以下。以下先讨论魏晋时期母权在母子关系中的作用,再来比较礼法上父权与母权的权力次序。

前文讨论魏晋时期之母教,可视为母权的表现之一,然而母教所包含的事项虽十分广泛,犹未足以概括母权;而且母教的施行有明显的阶级性,士人阶层比较重视母教。相对地,推行孝道是政府施政的项目之一,社会期望为人子者必须孝顺,并不分何种阶层,上至王侯,下至庶民,“不孝”都可能受到舆论或法律的制裁,因此母权不仅可能源于母子日常互动中养成母亲的权威,在相当大的程度上是国家社会赋予母亲的权力。东汉齐王晃及弟利侯刚坐事母不孝,“贬晃爵为芜湖侯,削刚户三千”④。陈寔为太丘长,时有吏诈称母病求假。事

① 钱穆:《略论魏晋南北朝学术文化与当时门第之关系》,页162。
② 见《晋书》卷四九《阮籍传》,页1361。
③ 参考瞿同祖:《中国法律与中国社会》,页7。
④ 见《后汉书》卷一四《宗室四王三侯》,页553—554。

觉收之,陈寔以其“欺君不忠,病母不孝”下令处死。① 晋武陵庄王澹娶贾后内妹郭氏,郭氏恃势,对澹母诸葛太妃无礼。值贾后被诛,齐王冏辅政,诸葛太妃表澹不孝,由是澹与妻子俱徙辽东。② 刘宋向植袭父爵,“多过失,不受母训,夺爵”③。王长坐骂母而夺爵。④ 尹嘉家贫,母熊氏自卖其身,为子偿债,尹嘉坐不孝当死。⑤ 坐贬、流徙、夺爵,甚至处死,国家对不孝子的惩罚十分严厉,但对于何种行为是“不孝”及判罪轻重,似乎还是有阶级差别。士大夫阶级的不孝认定较宽松,“无礼”“不受母训”皆被认为不孝,且惩罚相当重;而庶民阶层则可能要危害到母亲的生命才以不孝治重罪,似乎还是认为士大夫应更懂得孝道。总而言之,国家对不孝子的惩治,对母权的维护有相当积极的作用,因为母亲缺乏生产与分配家庭利益的经济权及法律权,有了朝廷法律作为后盾,母亲对子嗣的权威才更能确立。

衡诸史传,母亲对于子女的婚宦、行事、交游皆有相当大的指导命令权力。东晋王武子欲为己妹择婚,有兵家子出身寒微而有才,武子欲以妹妻之,征询其母钟氏的意见,钟氏观其人有不寿之相,言“不可与婚”,武子便从而止之。⑥ 周顗母李氏,名络秀。李家富有而门第衰微。周浚遇雨过李家,见络秀而爱之,求以为妾,李氏父兄不许。络秀以联姻贵族于家族有益,劝父许之,故为周浚作妾,生顗、嵩、谟。待顗等长大,李氏谓子曰:“我所以屈节为汝家作妾,门户计耳!汝若不与吾家作亲亲者,吾亦不惜余年。”⑦络秀之言与其说是命令,更近似委屈请求,这可能与魏晋时期妾的社会地位低贱相关;从丧服制度

① 见余嘉锡:《世说新语笺疏(修订本)》上卷下《政事第三》,页163。
② 见《晋书》卷三八《宣五王传》,页1122。
③ 见《宋书》卷四五《向靖传》,页1374。
④ 见《宋书》卷六三《王华传》,页1678。
⑤ 见《宋书》卷六四《何承天传》,页1702—1703。
⑥ 见余嘉锡:《世说新语笺疏(修订本)》下卷上《贤媛第十九》,页681—682。
⑦ 见余嘉锡:《世说新语笺疏(修订本)》下卷上《贤媛第十九》,页688。

观之,妾的亲人并非夫家正式的亲属,庶出者常以“无舅氏”称,①因此络秀对子的要求可能与时代的风俗抵忤(相关讨论见第四章第一节)。值得注意的是,络秀欲提升本家门第的心愿,寄望的对象不在夫而在于子;其实现的方式是等待子嗣长成得以主宰家事后,以母亲的身份直接对子表达期望,“不惜余年”一语更带有悲怨的情感。周𫖮等或不敢违抗母命,或不忍令母亲伤情,果然全都听从母亲的吩咐,视李家为亲戚,李氏遂得为方雅之族。② 母亲的身份尊卑可能会影响母权的展现方式,但依靠儿子实现心愿仍然是母亲较可能掌握的权力。

母亲的命令有时必须让儿子出生入死,但似乎并不影响儿子遵从母命的原则。东汉末年有太史慈者,仕郡奏曹吏。为郡得罪州家而避往辽东。孔融闻其事而奇之,数遣人向太史慈之母问安,并馈赠所需。后孔融被黄巾贼所围,太史慈从辽东还,母谓慈曰:“汝与孔北海(融)未尝相见,至汝行后,赡恤殷勤,过于故旧,今为贼所围,汝宜赴之。”慈便受母命赴融之难。后融营无力退贼,反被贼围堵更密,慈在融营,自愿冒死突围讨救兵,终以其智勇解融之困。事毕,还启其母,母曰:“我喜汝有以报孔北海也。”③太史慈与孔融非友非故,只因孔融礼敬其母,母便命子报恩,太史慈冒死赴难,皆由母命;母未疑于报恩,子未疑于母命,性命似乎皆置之度外,母有义、子有孝,二人遂得名留史册。

东汉末年马超攻冀,害凉州刺史韦康。杨阜为韦康别驾,计为报仇。杨阜过历城拜候姜叙及其母,说冀中之难。姜叙母慨然命叙从阜之计,出兵攻马超。后姜叙母亦遇难。曹操闻其事曰:“姜叙之母,劝叙早发,明智乃尔,虽杨敞之妻盖不过此。贤哉,贤哉!良史记录,

① 见刘增贵:《魏晋南北朝时代的妾》,页 20。
② 见《晋书》卷九六《列女传》,页 2514。
③ 见《三国志·吴书》卷四九《太史慈传》,页 1186—1188。

必不坠于地矣。"①出兵征战何等大事，姜叙从母命而起兵，母于战乱中被执遇害，然终以命子举义而留名于史册。吴吕蒙以甘宁背信，欲会兵攻宁。蒙母谏阻，以为蒙若以私怒攻杀甘宁，是为臣下而行非法，有负吴主孙权以骨肉相待之恩。吕蒙素至孝，闻母言即豁然释意，罢干戈，与甘宁登船欢宴。② 东晋桓修少为桓玄所辱，修常有图玄之意。桓玄将篡位，修欲趁玄在修母处而袭杀之。修母庾夫人不忍骨肉相图，不许，修只得打消此意。③ 争战杀戮在传统的性别角色分工中，属于男性专属的领域，女性的性别角色则是"正位于内"，④以家庭为主要的活动场域，在公领域缺乏独立的身份及可参与的角色。然而作为母亲，却能借由母对子的权威，左右子在公领域的行事，母命难违，母子关系成为突破公私领域的一道隐形桥梁，母亲的权力在儿子身上作用，影响力便随之扩散，延伸至家庭以外的各个领域。

史传中所见母权的施展，在继母与继子身上分外触目。继母虐使继子，往往发生在继母自有生子的情况，《颜氏家训》云：

> 凡庸之性，后夫多宠前夫之孤，后妻必虐前妻之子；非唯妇人怀嫉妒之情，丈夫有沈惑之僻，亦事势使之然也。前夫之孤，不敢与我子争家，提携鞠养，积习生爱，故宠之；前妻之子，每居己生之上，宦学婚嫁，莫不为防焉，故虐之。异姓宠则父母被怨，继亲虐则兄弟为仇，家有此者，皆门户之祸也。⑤

---

① 见《三国志·魏书》卷二五《杨阜传》，页700—702。

② 见《三国志·吴书》卷五五《甘宁传》，页1295。

③ 见余嘉锡：《世说新语笺疏（修订本）》下卷下《仇隙第三十六》，以及刘孝标《注》，页952。

④ （魏）王弼、（晋）韩康伯注，（唐）孔颖达疏：《周易注疏》，《十三经注疏》阮元刻本卷四《家人·彖辞》，北京：中华书局，1996年，页38。

⑤ 王利器：《颜氏家训集解（增补本）》卷一《后娶第四》，页49—50。

颜之推从家庭结构、利益冲突的角度分析后母往往虐待前妻之子,因为前妻子为嫡子,又排行在己子之前,妨碍了己子宦学婚娶的发展,故后母不得不视其为眼中钉。或打骂饿冻,或虐使其身,或谗毁于父,或诬其不孝,甚至欲置之死地。而在这种母子冲突中,继子仍然必须事继母如母,不得忤逆犯上,否则便会披上不孝之名而遭到时论贬议,得遂了后母的心愿。因此这一类事迹多记载于孝子故事,继母非理使之,而继子逆来顺受,愈发恭谨,在乡里获致孝顺的美誉而留名史册。

魏晋时期,个人寄托于家族门第中,子弟借由家族门第发展仕宦婚姻,追求政治社会地位;同时东汉以降士人的"令名"对于仕宦及社会地位皆有重大影响,孝顺是做人的基本要求,普遍受到社会舆论的注意。在此结构性因素的影响下,继母子的冲突也愈见惨烈,继母欲使继子有不孝之名,丧失社会地位;而继子唯有孝顺,才有希望顺利继承家门,在士人集团及社会立足。西晋王祥的故事就是一个典型:

> 祥性至孝。早丧亲,继母朱氏不慈,数谮之,由是失爱于父。每使扫除牛下,祥愈恭谨。父母有疾,衣不解带,汤药必亲尝。母常欲生鱼,时天寒冰冻,祥解衣将剖冰求之,冰忽自解,双鲤跃出,持之而归。母又思黄雀炙,复有黄雀数十飞入其幕,复以供母。乡里惊叹,以为孝感所致焉。有丹柰结实,母命守之,每风雨,祥辄抱树而泣。其笃孝纯至如此。①

王祥丧母时不知几岁?但似已明白懂事。后母朱氏能谮祥于父,使祥失父爱,可见父子关系不如夫妻亲密。朱氏以嫡继母之身份非理使祥,百般刁难,冬天冰冻欲食生鱼,思黄雀炙,令守丹柰结实,王祥

① 《晋书》卷三三《王祥传》,页987。

凡“母之所须，必自奔走，无不得焉”①。完成各项后母交代的不可能的任务，而成为纯孝感应的最好例证。寒冬为继母求生鱼之事，在其后的孝子故事也曾出现；②解衣剖冰，更逐渐演变为解衣卧冰，孝行越来越难得。③ 可见文化对孝顺的评价本以“难能”为可贵，而在继母虐待继子的情境下，不可思议的孝行遂一一出现。

然而继母子的冲突并未因继子恭谨孝顺而化解。《世说新语》载：“祥尝在别床眠，母自往暗斫之；值祥私起，空斫得被。”④《东观汉记》中亦有二则极为类似的记载：“蒋翊，字元卿，后母憎之，伺翊寝，操斧斫之，值翊如厕。”⑤“冯豹，字仲文，后母恶之，尝因豹夜卧，引刀斫之，正值其起，中被获免。”⑥显示后母继子冲突的故事往往有高度的重复性，亦可见文化对继母子关系的“刻板”认知。《晋书》载：“祥丧父之后，渐有时誉。朱深疾之，密使鸩祥。”⑦“时誉”在魏晋南北朝时期是相当受人重视的，乡里社会对人物作出评价，对于当事人的政治、社会地位有深远的影响。王祥在晋室得享高位，最重要的因素就是其大孝之名，⑧这可以说间接拜朱氏不慈之赐。

朱氏身为母亲行种种非理苛虐之事，却未见责罚，即使欲谋害子

---

① 见余嘉锡：《世说新语笺疏（修订本）》上卷上《德行第一》，刘孝标注引萧广济《孝子传》，页 15。

② 王延、楚僚事迹，见干宝：《搜神记》卷一一，页 134—135。

③ 余嘉锡笺疏之语，见氏著《世说新语笺疏（修订本）》上卷上《德行第一》，页 16。

④ 见余嘉锡：《世说新语笺疏（修订本）》上卷上《德行第一》，页 15—16。

⑤《东观汉记》卷一〇《蒋翊传》，页 378。

⑥《东观汉记》卷一四《冯豹传》，页 544。

⑦《晋书》卷三三《王祥传》，页 990。

⑧ 余嘉锡《笺疏》引《通鉴》胡三省注云：“王祥所以可尚者，孝于后母，与不拜晋王耳。”余氏评论曰：“胡氏之论王祥是矣，若其以祥之不拜司马昭为可尚，则犹未免徇世俗之论而未察也。考其时祥与何曾、荀顗并为三公，曾顗皆司马氏之私党，而祥特以虚名徇资格得之。祥若同拜，将徒为昭所轻；长揖不屈，则汲黯所谓‘大将军有揖客，反不重耶’之意也。”认为王祥之行只有事后母孝一项可取。见氏著《世说新语笺疏（修订本）》上卷上《德行第一》，页 22。

命,子也没有告官的举动。事实上子若陷父母于罪,自秦以来即应受罚,汉律"凡'子告父母'为'非公室告',本不受理,如仍行告,告者反须受罚"①。魏时改订刑法,"删约旧科,傍采汉律,定为魏法",其中云"正杀继母,与亲母同,防继假之隙也"②。可见"继假之隙"是明显普遍的事实,法律中特别明订相关的处罚,但规范限制的对象仍然是儿子,防止因继母假子的嫌隙而发生弑亲逆伦。而继子面对继母非理虐待,仍然不被允许控诉。

从继母继子的冲突中,我们可清楚地看见孝道对母权的维护作用,继子若不能忍受继母的虐待,可能只好出居别处,披上不孝的恶名,丧失嫡子的权利,从此沉沦于下;但从孝子故事则看到继子成功的榜样,孝顺为他赢得名声及社会地位,最后得以青史留名。

母权虽然尊贵,然而父系家庭中父权才是最高的权威。孝道的要求上,子对于父母皆须孝顺,但家无二尊,丧服制度中服父丧重于母丧。汉律中父母皆可告子不孝而谒杀,然而子殴伤杀父母的处罚并不相等,伤父罪责重于伤母。③ 此外决定子女的婚娶,若父母意见不同,往往是依从父亲的决定,④亦可见父权高于母权。不过母亲与儿子在生活中的接触互动可能比父亲频繁,因此母亲的权力仍然在家庭中十分凸显。母命得以自专,往往见于寡母孤子之例,如虞潭之母、太史慈之母。换言之,夫卒之后,虽说"夫死从子",然而实情是母亲的权威不再受父亲压抑;儿子虽继承为家主,却须遵行孝道,不得忤逆犯上,否则还有国法伺候,母亲的权力便在里应外合的情况下达

① 见李贞德:《西汉律令中的家庭伦理观》,页18。

② 见《晋书》卷三〇《刑法志》,页923—926。

③ 见李贞德:《西汉律令中的家庭伦理观》,页18—19。

④ 东汉末甘公欲以女妻陶谦,甘公夫人不许(见《三国志·魏书》卷八《陶谦传》,裴注引《吴书》,页248);东晋刘殷有清望,同郡富豪张宣子欲以女妻之,其妻怒而不许(见《晋书》卷八八《孝友传》,页2288)。

到顶峰。寡母在家中的权威，亦反映在皇室家庭中太后的政治地位上。东晋有多位太后或因皇帝年幼，或因政局不稳而摄政，①太后能否握有政治实权遂行统治，有赖政局实态及个人际遇，但以太后的名义废立皇帝或影响政治，其正当性可能亦与母权相关。② 母权除了来自孝道的要求及教子的权威，母子之间共同生活的经验和培养的情感亦是权力的重要来源。下一节将以母子情感为主题进行探讨。

第四节　母子情长

史传经典强调母教，结合孝道衍生出母权，似乎母亲的形象呈现的是严厉权威，为母之道在于为社会培育贤才。如此的强调公义，一方面透露出社会期望母爱的表现能超越私情，另一方面或许是对现实中母子之情绵长深远的反动。③ 然而考虑母子名分缔结的基础，则亲生、继假、养育所发生的情感是否有普遍性的差异？笔者不欲探讨母子之情何以发生的条件，仅欲呈现史传中母子情感的互动情形，毕竟情感是人际相处的主要产物以及行事的重要动机之一。明白母子之间情感的联系，有助于更深入了解母子在家庭中的互动，以及母

① 如成帝五岁即位，由明穆庾太后摄政；穆帝二岁即位，康献褚太后摄政。哀帝、海西公时桓温专权，仍以褚太后摄政，实则以太后名义行废立之事；孝武帝即位时以幼冲，仍由褚太后摄政。见《晋书》卷三二《后妃传》下，页972—977。

② 杨联陞研究中国的女主政治，指出女主政治的出现有某些特定条件，在中国实是常态且有制度可循，并点出母权与女主的关联，然并未进一步详细析论。参考氏著，林维红译：《中国历史上的女主》，收入鲍家麟编：《中国妇女史论集》，台北：稻乡出版社，1992年，页63—78。

③ 邢义田言："或许因为中国人从不否认私情，甚至太重私情，《列女传》的作者才有意强调公义。"见氏撰《从〈列女传〉看中国式母爱的流露》，页113。

子权力关系中可能的情感基础。以下分别讨论亲生母子和继假母子的情感互动。

史传中母子情长的具体表现,明显以亲生母子的例子较多。西汉王莽之妻因莽屡杀其子而涕泣失明。① 东汉吕母以县长枉杀其子,散尽家财,聚众攻县衙,手杀县长为子报仇,以其首祭子墓。② 三国徐庶,母为曹操所获,庶本欲从刘备定王霸之业,无奈失老母而方寸乱,遂辞刘备诣曹操。③ 西晋刘仲武先娶毋丘氏,生子正舒、正则二人。毋丘俭反败,仲武出其妻,娶王氏,生陶,仲武为毋丘氏别舍而不告绝。及毋丘氏卒,正舒求祔葬焉,而陶不许。正舒不释服,讼于上下,泣血露骨,缞裳缀络,数十年弗得从,以至死亡。④ 梁沈崇傃母卒,以不及侍母疾,哀毁欲死。家贫,行乞三年,方得葬母。自以初行丧礼不备,葬后更治服三年。郡县举其至孝,朝廷擢补为太子洗马。崇傃奉诏释服,而涕泣如居丧,固辞不受官,苦自陈让,经年乃得为永宁令。自以禄不及养,怛恨愈甚,哀思不自堪,至县卒,时年三十九。⑤ 北齐释真玉生而无目,其母哀怜,教其弹琵琶,以为穷乏之计。后真玉欲学作法师,母亲弃其家务,专携真玉赴讲会听讲学习,风雨无阻,真玉遂成为名扬千里的法师。如释真玉之母放下自己的事务,专注为残疾之子营营奔波的例子,在当代社会依然可见,母亲在照顾子女上的角色扮演似乎变化不大。母亲过世时真玉舍法还家,庐于墓侧,哀毁过礼,三年野宿,算是回报母亲的深恩。⑥

---

① 见《汉书》卷九九下《王莽传》,页 4165。

② 见(晋)袁宏撰:《后汉纪》卷一《光武帝纪》,天津:天津古籍出版社,1987 年,页 5—6。

③ 见《三国志·蜀书》卷三五《诸葛亮传》,页 914。

④ 见《晋书》卷二〇《礼志》,页 639。

⑤ 见《梁书》卷四七《孝行传》,页 648—649。

⑥ 见(唐)释道宣:《续高僧传》,见《高僧传合集》卷六《义解篇二》"齐邺中天平寺释真玉传二十"条,上海:上海古籍出版社,1995 年,页 155a。

在第二节曾提及孟宗之母为了儿子的教育替老师缝被。史传中对于孟宗与其母的事迹有相当多的描写，我们可以从中得到一幅母子相依为命的图像：

> （孟宗）初为骠骑将军朱据军吏，将母在营。既不得志，又夜雨屋漏，因起涕泣，以谢其母，母曰："但当勉之，何足泣也？"据亦稍知之，除为监池司马。自能结网，手以捕鱼，作鲊寄母，母因以还之，曰："汝为鱼官，而以鲊寄我，非避嫌也。"迁吴令。时皆不得将家之官，每得时物，来以寄母，常不先食。①

孟宗仕途不得志，母子于军营中相依为命，"屋漏偏逢连夜雨"，孟宗之涕泣谢母，除了不得志的伤感，当亦包含了未能有所成就以尽孝荣亲之愧疚。母亲的慰勉，带来振作的勇气，母子俩互相扶持共度人生的低潮。孟宗迁作监池司马后，未避嫌疑，以鲊寄母，母亲又晓以大义。任吴令，每获当令时物，孟宗自己不先尝，皆先寄给母亲。

吴主嘉禾六年（237），朝廷以国家多事，要求官员秉持先公后私的精神，以义断恩，议定长吏遭丧不得奔赴，否则处以死刑。然而孟宗在官闻母亡，依然犯禁委官奔丧，事后自拘于武昌听候刑决。幸赖陆逊陈其素行，为之求情，孙权特为减死一等。② 孟宗后来复官，在孙皓朝更位至司空。③ 陆逊所陈孟宗素行，当是指其平日侍奉母亲的孝行。《楚国先贤传》载孟宗事母至孝：

> 宗母嗜笋，冬节将至。时笋尚未生，宗入竹林哀叹，而笋为

① 《三国志·吴书》卷四八《三嗣主传》，裴松之注引《吴录》，页1169。
② 见《三国志·吴书》卷四七《吴主传》，页1141。
③ 见《三国志·吴书》卷四八《三嗣主传》，页1168

之出,得以供母,皆以为至孝之所致感。①

时人以为孟宗事母至孝,万物皆为之所感,可见孟宗应是当时有名的孝子。故其委官奔母丧,虽犯死罪,犹能得到朝廷的谅解,给予特别宽待。似乎显示人子的满腔孝心,若逸出了法制的规范,仍可以获得社会相当的同情与宽谅。

我们从孟宗母子的故事看到母贤子孝的理想母子关系。母亲抚子有慈有训,对儿子日常照顾的细腻周到,儿子意志消沉时给予安慰鼓励,发现儿子作为不恰当便严加训导。母子于低潮时相依为命,从生活中的接触互动,建立起相互关心扶助的深厚情感。而儿子亦时时不忘尽孝养之道,平时竭力回报母恩,闻知母丧即使冒着死罪也要奔赴。值得注意的是,捕鱼寄母,受母训诲一事,和本章第二节提到《世说新语》中陶侃母子的故事如出一辙。史传中许多孝子贤母的事迹常见有高度相似的例子,或许出于行为的模仿,或许是故事传抄而将各种情节吸纳,或许是认为具有典范的意义而不断复制。总之与其视为实然的现象,不如看作是社会期望的传达——期望人子有孝养之情,而贤母能重大公之义。

文化期望母爱以维护公义的方式来表现,却同时鼓励人子对母亲怀抱深厚的情感,而且允许其尽情表达,即使因此与公义产生冲突,也往往以为孝子之心其情可悯,而减轻处罚,不但默许其行为,特别的恩赦也等于是一种荣耀和鼓励。所以期望母爱以公义为导向,或许是为了平衡母子之间过分泛滥的"私情";社会期望的理想情况便是人子皆能孝顺母亲,而母亲都能把"私情"转化为"公义",以母亲的权力与母子的情感促使儿子为国家社会服务。

亲生母子恩厚情长,除了可能超越空间距离而发生感通(见本章第一节的讨论),其深情缠绵亦能够跨越生死界限,连绵不绝。这部

---

①《三国志·吴书》卷四八《三嗣主传》,裴松之注引《楚国先贤传》,页1169。

分讨论将从中古的志怪小说来进行分析。①《录异传》载：②

> (晋)谢邈之为吴兴郡，帐下给使邹览，乘樵船在部伍后。至平望亭，夜雨，前部伍顿住。览露船无所庇宿，顾见塘下有人家灯火，便往投之。至，有一茅屋，中有一男子，年可五十，夜织薄。别床有小儿，年十岁。览求寄宿，此人欣然相许。小儿啼泣歔欷，此人喻止之，不住啼，遂至晓。览问何意。曰："是仆儿。其母当嫁，悲恋故啼耳。"将晓，览去，顾视不见向屋，唯有两冢，草莽湛深。行逢一女子乘船，谓览曰："此中非人所行，君何故从中出?"览具以所见告之。女子曰："此是我儿。实欲改适，故来辞墓。"因哽咽至冢，号咷，不复嫁。③

谢邈是东晋孝武帝时人，《晋书》有传。④ 邈在这则故事中是一个"见证者"，由其巧遇经历招出这段故事。故事中早夭的儿子，虽和母亲已天人永隔，然而母亲在阳世欲再嫁，子仍悲恋难舍，啼哭不止。原已打算再嫁的母亲，得知亡儿的悲伤，亦对冢伤情号咷，遂不复嫁。试想夫儿皆亡，妇人于夫家至亲之人皆已化为黄土，这样的情境应是妇人打算再嫁的主要理由之一。然而母亲却因不忍亡儿悲恋之情，为阴间已死之子放弃人间幸福的追求，母子之间悱恻的情感，深深牵系分处阴阳两界的母子，母子之情穿越死生的界限，缠绵无绝期。故

---

① 关于利用小说材料进行历史研究的可行性，学者已有清楚的说明和精彩的示范。参考陈弱水：《从〈唐晅〉看唐代士族生活与心态的几个方面》，《新史学》10:2，1999年，页1—27。

② 据李剑国的研究，《录异传》又作《录异记》。史志无目……其"张君林"条称"隆安中"，当出晋末或南朝。见氏著《唐前志怪小说辑释》，台北：文史哲出版社，1987年，页645。

③ (撰人不详)《录异传》，见鲁迅校录：《古小说钩沉》，济南：齐鲁书社，1997年，页256—257。

④《晋书》卷七九《谢邈传》，页2089。

事虽就此打住，但妇人为子牺牲的代价可能是此后孤独余生的晚景，付出实在巨大。小说借由母子情感的难舍来“牵制”妇女再嫁，作者也许有提倡寡妇守节的用意吧。

《幽明录》记载另一则亡母显灵救子的故事：

> 晋世王彪之，年少未官，尝独坐斋中，前有竹；忽闻有叹声，彪之惕然，怪似其母，因往看之，见母衣服如昔。彪之跪拜歔欷，母曰：“汝方有奇厄，自今已去，当日见一白狗；若能东行出千里，三年，然后可得免灾。”忽不复见。彪之悲怅达旦。既明，独见一白狗，恒随行止；便经营行装，将往会稽。及出千里外，所见便萧然都尽。过三年乃归，斋中复闻前声，往见母如先，谓曰：“能用吾言，故来庆汝。汝自今已后，年踰八十，位班台司。”后皆如母言。①

王彪之是东晋名臣。② 故事中彪之见亡母显灵，跪拜歔欷，母灵消失不复见，犹悲怅达旦，人子对于母亲的怀念与思慕溢于言表。彪之的母亲身已亡而犹未卸除为人母照顾子嗣之心愿与责任，显灵教子化灾解厄；子后来遵从母教而解危，亡母复来相见庆贺，子危母忧，子安母喜，生时照顾，死犹护佑，母爱之深长跨越生死的分界。

《幽明录》中还有另一个类似的故事：

> 晋左军琅邪王凝之夫人谢氏，顿亡二男，痛惜过甚，衔泪六年。后忽见二儿俱还，并著械，慰其母曰：“可自□，儿并有罪谪，宜为作福。”于是得止哀，而勤为求请。③

---

① (南朝宋)刘义庆：《幽明录》，见鲁迅校录：《古小说钩沉》，页166。

② 见《晋书》卷七六《王彪之传》，页2006—2012。

③《幽明录》，页166。

谢氏即谢道韫。《晋书·列女传》中的谢道韫才情飘逸，风韵高迈，有林下风气。孙恩之乱，夫与子皆为贼所害，道韫抽刃杀贼，胆气甚壮。① 然而小说中之道韫，不见才女的高朗风貌，以母亲的身份出现，因痛惜儿亡而衔泪六年，其形象转变为痛失爱子而衰弱的慈母。故事中亡儿显灵一是为慰解母亲思子之哀，二是在阴间受苦，请求母亲为其积福，道韫的母爱于是又有施展的机会，生命似乎又有了目标，止住哀情，为帮助亡儿脱离苦海而勤于求请作功德。

《幽明录》这两则故事，一则母亡，一则子亡，母子分处生死两界，但母亲不论身处阳世或阴间都舍不下母子之情，仍努力要保护照顾儿子。亡母运用阴魂预知之力，教子消灾解厄；在人间的母亲努力为子积福求报以化解罪孽。故事虽然充满虚假神怪，但故事主角所表现的行为，可能反映出现实中母亲对儿子的照顾和爱护；故事呈现母子之情，幽远深长，缠绵难舍而且其情生死皆同，可视为时人对亲生母子情感的一种认识。

相对于史传中亲生母子缠绵悱恻的情感流露，继假母子则往往冲突不断。继假之关系不若血亲之自然缔结，若要建立良好的母子关系，继母之养继子必然要抚育更勤；继子之事继母也必须孝养弥谨，难养难孝可说是继母子关系的特色。第二节引东汉程文矩妻李穆姜感化继子的故事，正可见继子对后母常有的疏憎之情；第三节王祥的例子则见继母对继子的憎恶虐待。史传中多数的相关事迹似乎呈现继母憎恶继子，而继子极力奉承继母，或者继母以非常的手段来表现对继子的无私慈爱；继母假子的互动，多有违于人性自然之举措者，而少见如亲生母子般平实的情感流露。以下试举其例。

羊祜的母亲是继室，前妻育有二子，《晋书·羊祜传》载：

---

① 见《晋书》卷九六《列女传》，页2516—2517。

祜前母,孔融女,生兄发,官至都督淮北护军。初,发与祜同母兄承俱得病,祜母度不能两存,乃专心养发,故得济,而承竟死。①

二子俱病,照顾之劳皆由母为之,无力兼顾又未有支援的情况下,一为前妻子,一为己怀胎十月所生,人情之常皆欲保其所亲爱者。祜母选择全活前妻之子,正是以非常手段得全后母继子之义。类似这样的行为往往得到时论与史书的赞扬。《晋书·列女传》载:

郑休妻石氏,不知何许人也。少有德操,年十余岁,乡邑称之。既归郑氏,为九族所重。休前妻女既幼,又休父布临终,有庶子沈生,命弃之,石氏曰:“奈何使舅之胤不存乎!”遂养沈及前妻女。力不兼举,九年之中,三不举子。②

石氏为了养育夫前妻女及舅庶子,不惜牺牲自己的骨肉,九年之中,三不举子。如此行事而被载于《列女传》中,可见虽残害自己的骨肉,史书犹肯定其为义行。

若继母假子彼此能以孝义相待,朝廷也会给予奖励,《南史》载:

建康人张悌,家贫无以供养,以情告邻富人。富人不与,不胜忿,遂结四人作劫,所得衣物,三劫持去,实无一钱入己。县抵悌死罪。悌兄松诉称:“与弟景是前母子,后母唯生悌,松长不能教诲,乞代悌死。”景又曰:“松是嫡长,后母唯生悌。若从法,母亦不全。”亦请代死。母又云:“悌应死,岂以弟罪枉及诸兄。悌

① 《晋书》卷三四《羊祜传》,页 1024。
② 《晋书》卷九六《列女传》,页 2511—2512。

亦引分，乞全两兄供养。”县以上谳，帝以为孝义，特降死，后不得为例。①

后母之子犯罪，前妻之子争相代死，而后母亦不徇私，请官府治己子罪，结果皇帝以为一门孝义，特别降免死罪。可见后母私己子是人情，慈爱继子则被视为“义行”，而非一般的母子情，可受到朝廷的褒扬。而羊祜母及郑休妻之行事，不但不私己子，更有违母子自然之情。继母为继子牺牲己子的性命，不但不受责，更被视为难得之义行而受称扬，正反映现实中继母私其亲子的普遍，以及继母慈爱假子的少有。

《法苑珠林》记载一则继母虐待假子至死的故事：

（宋）东海徐某甲，前妻许氏，生一男名铁臼，而许亡，某甲改娶陈氏，陈氏凶虐志灭铁臼。陈氏产一男，生而祝之曰：“汝若不除铁臼，非吾子也。”因名之曰铁杵，欲以杵捣铁臼也。于是捶打铁臼，备诸苦毒，饥不给食，寒不加絮。某甲性暗弱，又多不在，后妻恣意行其暴酷，铁臼竟以冻饿痛杖而死，时年十六。亡后旬余，鬼忽还家，登陈床曰：“我铁臼也。实无片罪横见残害，我母诉怨于天，得天曹符来取铁杵，当令铁杵疾病与我遭苦时同。将去自有期日，我今停此待之。”声如生时，家人宾客不见其形皆闻其语。于是恒在屋梁上住。陈氏跪谢搏颊为设祭奠。鬼云：“不须如此，饿我令死，岂是一餐所能对谢。”陈夜中窃语道之，鬼厉声曰：“何敢道我！今当断汝屋栋。”便闻锯声，屑亦随落，拉然有响，如栋实崩。举家走出，炳烛照之，亦无异。鬼又骂铁杵曰：“汝既杀我，安坐宅上以为快也，当烧汝屋，即见火然，烟焰大猛内外狼狈，俄尔自灭，茅茨俨然不见亏损。”日日骂詈，时复歌云：

①《南史》卷七四《孝义下》，页1836。

“桃李华严,霜落奈何,桃李子严,霜早落已。”声甚伤切,似是自悼不得成长也。于时铁杵六岁,鬼至便病,体痛腹大,上气妨食。鬼屡打之,处处青黯,月余而死,鬼便寂然。①

故事虽涉及鬼神报应难验真假之情节,但此类故事的出现可见一般人对继母假子相视如仇的认知。后母生子志灭前妻之子,取名“铁杵”以对付“铁臼”,毫不隐藏其不慈之心。故事中父亲经常离家在外,使得继母有机会肆行暴虐,透露出父亲的活动多在家户之外,父与子在生活上的接触实远不及母与子。故事又特别强调父亲性格懦弱,与礼法中“父至尊”的形象相去甚远,或许是为父亲的“失权”寻一解释;又或许夫妻之情胜于父子之恩,因此父亲对于后母虐待继子视而不见。铁臼死后化为鬼魂前来报仇,全赖其亡母诉怨于天。亲生母亲告状,而不是被虐待的儿子告状,维持了子不告母的伦理价值;同时,对比于继母的虐待,又见亲生母亲慈爱特深的表现。然而值得注意的是,铁臼之死,实由继母陈氏之虐待,然而报仇的对象却指向铁杵,鬼骂铁杵:“汝既杀我……”似乎将杀己之罪愆加诸铁杵身上,而铁杵时方六岁,铁臼亡时年已十六,所有虐待之行应是陈氏所为。虽然夺爱子之命,也可视为对后母的报复,②但或许如此的故事安排也比较符合现实的伦理秩序,母尊于子未可以母命相抵,而以其子代受天罚。

史传记载继母与继子的互动,具体描写的多是继母虐待,或继子

① (唐)释道世:《法苑珠林》卷七五《十恶之三》“邪淫部第六”,北京:中国书店,1991年,页19b。

② 古代社会的复仇,有时采取“以牙还牙”的方式,让仇人感受和自己相同的痛苦和损失,仇人本身反而不受伤害。孟子曰:“杀人之父者人亦杀其父。”(《孟子·尽心上》)即是这种复仇精神的展现。见瞿同祖:《中国法律与中国社会》,页85—86。

不孝，其他则缺乏具体行迹的描述。① 继子的孝行是否能代表儿子对母亲情感的自然流露，实在非常可疑。理想的继母子关系是以“母义子孝”为典范，现实中继母假子的情感互动似乎距离理想十分遥远。颜之推认为后母憎恶前妻之子，往往因为顾虑到己子的发展受到妨碍，从史传所见的例子，亦能大致获得这样的结论。可见继母在此家内是否有自己的亲生子，是继母子关系的一项重要变项。继母若是无子，抚育前妻之子，未必不会视如己出；然而若继母面对的是早已年长晓事的继子，此子是否愿意接受继母之抚育慈爱，可能又是母子关系的另一变数。礼制规范中要求人子做到“继母如母”，然而就现实中的母子情感而言，继母假子的关系很难如亲生母子一般自然亲密。

结　论

本章以母子人伦互动为研究主轴，从史传记载，我们观察到母子人伦在生活中的关系实态，也发觉文化价值对母子人伦的认知与期望。归纳史传所见，本章讨论了生育文化对母子关系的认识，以及文化期望与生活实态中，母教、母权、母子之情对母子关系的影响。每个主题涵盖的母子关系不太一致，生育文化只讨论亲生母子；而母教与母权则被视为所有母亲皆可实施的权力；母子情感方面，不论是文

① 史传所见继子敬事继母的事迹，若未伴随继母苛虐之事，则往往描述甚简。例如《汉书·丙吉传》载：“太仆陈万年事后母孝，惇厚备于行止。”（卷七四，页3148）《三国志·蜀书·杨洪传》载杨洪“事继母至孝”。（卷四一，页1014）《三国志·吴书·诸葛谨传》，裴松之注引《吴书》载诸葛谨“事继母恭谨，甚得人子之道”。（卷五二，页1232）《晋书·王沈传》载王沈“奉继母寡嫂以孝义称”。（卷三九，页1143）

化期许或生活实态,皆显示亲生母子的感情普遍深厚缠绵,而继母子的情感实态似乎与文化期望落差极大,伦理价值期望继母有不私己子之义、继子则必须贯彻孝道的要求,但史传所见却是冲突不断。

怀胎是母子关系的起点。生育文化中转胎、养胎、胎教的观念,将胎儿的性别、形貌、性情、品德贤劣皆归因于孕妇,一方面加重了母亲生育的辛苦与压力,另一方面也强化了生母在生育文化中的地位,以及亲生母子神秘的联系。怀孕期间的母子相感进一步延伸至成人之子,成为亲生母子间特有的孝道展现,获得社会极高的评价,显示亲生母子关系被认为比其他的母子关系更为亲密。

传统中国文化所期许的理想母亲,从胎教的观念即可看出强烈的母教取向。贤母教子,最为士人所重,而魏晋时期的士族女子也积极地投入教育活动,影响家族门风。母教包含的内容十分广泛,举凡识字启蒙、家学传授、立身改过、为国尽忠、仕宦之道等,强调为家族、国家培养优秀人才。而进行的方式或亲授诗书,或涕泣以诉,或慈爱感化,或耳提面命,或以身作则,多是以母子直接接触互动的方式进行,相较于父亲多由家训来教导子孙,透露出母子在生活中直接接触频繁。教子不必限于亲母,而是所有母亲皆可行之的母职,而且教子有方可以获得社会文化高度肯定,因此史传中也不乏继母、所后母教子的记载。但贤母教子的事例仍以亲生母子之间为多,“非此母不生此子”的说法,也再次显示文化对亲生母子特殊的评价。

社会文化对母教的高度评价,使得母亲的形象偏重于严明有威,教子成为母权的表现之一。孝道文化将人子孝顺父母视为天经地义,从而加重了父母对子的权威。礼法上母亲的权力虽不及父亲,但由于母子生活接触的频繁,母权的施展对儿子的行事依然影响很大;若是寡母,解除了来自丈夫的压制,母亲的权力对儿子的影响显然更是巨大。不论是儿子个人的婚宦选择,甚至政治领域的斗争与军事活动都可能受母亲影响。虽然女性的性别角色在礼法上是“正位于内”,但母亲的影响力却透过儿子,由内伸展到外,跨越了性别权力的藩篱。人子实践孝道的对象以及礼法伦常赋予母亲的权力，同样不限于亲生母亲。母权的威严在继母非理虐使前妻之子的故事中分外清晰。魏晋时期，人子在重视孝道与强调清议的社会风气下，必须孝顺的压力特别沉重；继母继子的互动中，常见继母残酷的虐待和继子全然的委屈顺从，从一个扭曲的角度特别彰显出母权。

母权的行使是各种不同身份的母亲皆有的权力，然而母子之间的情感却在不同母子关系之间呈现较大的差异。亲生母子往往在日常互动中自然流露出母亲的慈爱以及儿子的孝思，母子之情从生活的照顾与依赖中油然而生，显得特别深厚。而社会亦从孝的角度给予表现挚爱母亲的儿子极高的评价，甚至若因此犯罪也常常给予特别的恩赦，显示文化价值对母子关系的期望，亦有重情的一面。志怪小说中呈现的亲生母子情感，更是超越生死阴阳的阻隔，似乎一旦曾经为母子，彼此的情感便永远缠绵不尽了。

另一方面，后母继子的情感在史传及神异故事中往往呈现出十分恶劣的情况。后母非理虐使继子，从一个扭曲的角度示范了母权的尊贵；而从情感的角度来看，清楚地凸显了后母对继子的憎恶被视为十分普遍的情形。史传中继母善待继子的事迹，往往以非常的手段表现，刻意地不私己子，甚至牺牲己子，方能彰显出继母对继子的情义。而继子孝顺继母的记载亦多伴随着继母虐待继子的事迹，因此继子对于继母虽然以孝道事之，但究竟其中包含多少真实情感的因素，实在令人怀疑。对比史传所见亲生母子与继假母子互动的特点，母子之情在不同母子关系中表现出的差异，似乎不是礼制规范所能限制的。

从文化期望及生活互动的各个面向讨论母子人伦，亲生母子的互动在其中显得特别亲密，郑玄云“母子至亲无绝道”，即是针对亲生母子而言，从文化生活实态观之，可印证此语除了指涉血缘关系，还有相当坚实的现实情境基础。就母亲而言，始于怀胎生产的辛苦，进而发生于生活中的照顾、教导之责，儿子的成就与母亲的生命肯定息息相关;就儿子而言,从胎儿时期就可能受到母亲莫大的影响,自小在母亲的怀抱与训诲中成长,同时加上社会对孝道的提倡,伦理价值鼓励人子热爱母亲,对孝顺的推崇允许儿子为母亲牺牲公义。母子之间亲密的互动经验、绵长的母子情感以及母权与孝道的交互作用,有助于巩固母亲在父系家族中的地位,进而突破父系礼法对女性的诸多压抑,母子的亲密关系成为女性在父系家族中获得有利处境与地位的主要力量之一。

父系家族为了传衍后代,赋予女性生育子嗣的重责大任,转胎、胎教之说,加重了女性的生育压力,却也创造亲生母子的神秘联系及对生恩的重视;儒教文化对母教的强烈肯定着眼于家族昌盛的目的,但也助长了母亲权威的塑造;国家对孝道的提倡,对不孝的惩罚,维护了家族伦常秩序,更提供母亲行使权力、命令儿子的制度性保证。除了国家法制的强迫以及尊亲敬长的伦理教化,母子之间的情感也是母权的基础之一。性别分工将女性限制于家内,担负照顾家内成员的责任,儿子对母亲日常生活的依赖,母子共同生活所培养的情感,反而可能成为母亲权力滋长的有利条件。母子互动的经验及文化对母子人伦的期许,对父系家族既有巩固、维护的功能,也造成冲突、挑战的一面。母职经验对父系制度的挑战,笔者将在下一章综合讨论。

第六章　结论:为母经验挑战父系制度

父系礼制配合父系家族结构,以父亲为主轴来安排家内人伦秩序。父尊母卑,人子为母服丧处处受到“父至尊”及“尊祖敬宗”的压抑;母子名分随父亲意志或成立、或解除,母子关系在父亲的权力控制下,潜藏着被破坏的危机。

然而我们从第三章的讨论,已发现孝子为母服丧不愿完全遵从礼制,礼制在落实过程中,遭遇到许多孝子为母伸情的挑战;第四章的讨论,揭露了父系家族一妻多妾的结构下,亲生母子荣辱与共,凝聚为“母子集团”,共同为地位的提升而奋斗,和父系制度理想的人伦秩序有所矛盾;第五章则进一步探讨母子之间的互动,显示母子日常生活中的互动经验,培养出的情感、权力关系,与礼制的规范有应合也有冲突,其中亲生母子的感情普遍地特别亲密,而继母假子则多情感不睦,脱逸出父系制度对母子关系的规范,也呼应了魏晋时期孝子自作主张为生母服重、为继母服轻的现象。

母职经验形成的母子情感,在许多层面和父系制度规范的母子关系有所冲突,对父系制度造成挑战。本章讨论母子情感与父系制度的冲突,作为本书的结论。第一节综合前几章的讨论,探讨母亲在父系家族中如何借由母子关系突破困境、挑战父系制度,成功地松动了哪些父系价值,又依然受限于哪些父系制度。第二节重回第一章所引的于氏故事,探讨于氏从自己的母职经验出发,如何诠释父系礼制,立论贺率为己子。第三节讨论魏晋时人对于氏立论的回应,以此归结父系制度如何掌控母职。

第一节　双刃之剑——母职的力量

父系礼制对母子关系的界定,成为传统中国母子人伦的基本框架。在家庭中,父尊于母,为家内的至尊;妻妾依"嫡庶之辨"的原则安排尊卑次序,嫡母尊于庶母;母尊于子,诸子随母亲之尊卑定身份贵贱,嫡子尊于庶子;但庶子为父后却又尊于庶生母。父亲有权力解除母子关系,也可以建立母子关系;"尊祖敬宗""贵嫡贱庶"的精神也对母子人伦产生重大影响,父系礼制的框架在许多方面限制了母子关系的可能性。在父系家族中,母子关系置于父亲的权力之下,受父亲好恶意志的支配,使得母子关系十分不稳定。然而由第三、四、五章的讨论可以发现,母亲正是家内成员中对父系体系最有贡献、也最具威胁的女性,父系礼制刻意将母亲的地位压制,以父亲的权威及所谓的"家族公义"来控制母子关系,以符合其理想的父系人伦秩序,然而母子生活互动的实态及文化价值对母子人伦的认知与期许,对于礼制有呼应也有破坏。父系制度的性别分工,将女性定位于家内庶务的操持及照顾家人的生活起居,母亲与儿子在生活中接触互动频繁,母子的互动经验往往超越了男尊女卑及男外女内的父系礼法限制。

传统中国社会以父系姓氏抟聚社会中的基础单位——家,母亲生育的子嗣属于父系家族的成员,为人子者一生归属于父系家族,认同于父系家族。因此父系制度下,妇人生育是为父系家族"广继嗣",重视的是父系血缘的繁衍,而不是妇人个人的血脉延续。生育的目的是为了传承父系家族,但生育的压力往往全责于妇人,成为主要的妇职,"无子"为"七出"条目之一,因此对妇人而言,生育子嗣既是文化社会的压力,亦是保障个人在家内地位的重要手段。

父系家族对生育子嗣的重视，发展出复杂的生育文化。转胎、养胎、胎教的观念，目的是为父系家族诞育健康贤德之子，但是生育文化既认定孕妇会影响胎儿的性别、形貌、性情、品德贤劣，加重了母亲生育的辛苦与压力，却在无形中也强化了母亲在生育文化中的地位，以及时人对生育之恩的高度评价。

家族为了培育出优秀的子弟，以教子有方的贤母为理想母亲，而且不论是亲生母亲或非亲生母亲皆可施展教子之能。史传对于贤母赞誉有加，为了门第的兴盛，家族也希望子弟贤良，魏晋时期的士族女子积极地投入教育活动，影响家族门风甚巨。母教包含的内容十分广泛，举凡识字启蒙、家学传授、立身改过、为国尽忠、仕宦之道等，强调为家族、国家培养优秀人才。而对母亲而言，文化价值重视母教、在生活实态中施展母教，对母亲的地位和权力有抬高的作用。

孝道是维持儒教家族伦常的重要价值，孝道文化将人子孝顺父母视为天经地义，从而加重了父母对子的权威。礼法上母亲的权力虽不及父亲，但由于母子生活接触的频繁，母权的施展对儿子的行事依然影响显著；对于改善母亲在父系制度下的处境，亦是一项极大的助力。若是父亲先卒，母亲成为寡母，解除了来自丈夫的压制，母亲的权力对儿子的影响更是巨大。不论是儿子个人的婚宦选择，甚至政治领域的斗争与军事活动都可能受母亲意志影响。虽然女性的性别角色在礼法上是“正位于内”，但母亲的影响力却透过儿子，由内伸展到外，跨越了性别权力的藩篱。

生育、教子与孝道皆受到儒教文化的肯定，对于父系家族有正面的维护功能，但母职的承担也提供了女性突破儒教制度的力量。女性在母职的扮演上，承受文化期望的压力，同时也将自己的将来与子嗣联系在一起。在现实生活中，存在着亲生母子荣辱与共的现象，家族、社会中“子以母贵”“母以子贵”的情形经常发生，母子被视为一体对待，可见现实中母子关系的密切。“母以子贵”虽与父系礼法抵触，但符合人子情感的需求，而且与儒家文化对孝道及生恩的高度评价可以相应,故在现实中不时发生,不论是庶子为生母伸情服重,或以名爵尊崇生母,皆以"母以子贵"为理由。在父系家族的外衣下,女性借由母职创造出以自己为核心的"母子集团",人子的家族归属虽以父系为准,但在一妻多妾的婚配结构下,"母子集团",才是儿子情感认同的对象;母亲借由儿子提升地位、改善处境,形成对父系制度的挑战。

在父系制度中,各种母子名分以父亲为中心缔结,父亲有权力改变母子名分,对母子关系深具威胁。但母子名分一旦成立后,母子关系奠基于生活互动的经验和培养的情感,父系礼制无法全盘掌控。理论上,父系制度以父亲为家内至尊,母亲为儿子的私尊,以压抑私尊来凸显至尊。在父亲主宰的时期,人子对母亲的情感可能无法表现;但在父卒后,儿子继承家统,也成为家内至尊,子为至尊与母为子之私尊,二者存在礼法的矛盾。礼制的规范坚持父系至尊的原则,要求母亲夫死从子,并以"家族公义"压抑"母子私情",但"家族公义"是如此抽象,儿子对母亲的眷恋依赖之情则深植于生活经验中。母子经由生活互动所建立的情感,影响人子对母亲的亲爱敬顺,加上孝道对母权的肯定,成为母亲命令儿子的紧箍咒;母子间的权力关系与情感经验,成为女性突破礼制压抑的重要力量。

从文化期望及生活互动的各个面向讨论母子人伦,可以发现女性借由母职影响父系家族,也改变自己的命运。虽然母教、母权和养育是所有母亲皆可施展或享有的,但父系制度下的各种母子关系,仍然以亲生母子最为亲密,也因此母子关系对父系制度的冲击往往来自亲生母子。郑玄云"母子至亲",从文化生活实态观之,可印证此语除了指涉血缘关系,还有相当坚实的现实情境基础。就母亲而言,始于怀胎生产的辛苦,进而发生于生活中的照顾、教导之责,社会文化将儿子的成就与母亲的生命肯定紧紧相连。就儿子而言,生育文化认为人子在胎儿时期就受到母亲莫大的影响,儿子自小在母亲的怀抱与训诲中成长,同时加上儒教社会对孝道的提倡,伦理价值鼓励人子热爱母亲，无形中默许儿子为母亲牺牲公义。母子之间亲密的互动经验、绵长的母子情感以及母权与孝道的交互作用，有助于巩固母亲在父系家族中的地位，进而突破父系礼法对女性的诸多压抑；亲生母子的亲密关系成为女性在父系家族中获得有利处境与地位的主要力量之一。魏晋时期孝子观点下的为母服丧，孝子的情感明显偏厚于亲生母亲，不论是为庶生母服重，或是为出母、嫁母服丧，甚至同母异父兄弟也因同母所生而受时人看重。挟着魏晋文化对人情、孝道及生恩的高度评价，亲生母子的情感在一定程度上成功地突破父系礼制对母亲的压抑。

魏晋时期亲生母子的情感，成功地突破父系礼制对母亲的压抑，但是突破仍有范围局限和条件限制。首先，父亲是家内的至尊，父命对母子关系掌握极大的权威，以父命消解或建立新的母子关系，母子情感往往无力对抗。父亲的好恶可能松动“嫡庶之辨”，提供“母子集团”争取地位的空间，因此父命仍然经常是“母子集团”争取的目标，而非反抗的对象。其次，父命可以建立或破坏母子关系，父命出妻或命子出继，即使母子情感亲密绵长也无力对抗。魏晋时期母子情感对父系制度的挑战，是时代风气和个人处境里应外合的结果：孝子在继承为家主后，得以自由诠释父命，怀抱对生母的情感为母伸情；生恩亦受文化价值肯定，能够获得时人共鸣，配合缘情制礼的时代风气，因此能够以母子情感修正父系礼制，抬高了生母的地位，母子的情感也获得抒发。虽然母子之情在一定程度修正了父系礼制，但基本上并不危及父系制度的根本，父亲的权威依然稳固，可说只是父系制度内的改革。

魏晋时期，母职经验对父系制度的极端挑战，并非没有发生过。我们在第一章提到东晋于氏的故事，于氏身为贺乔嫡妻却未诞育子嗣，养育二伯之子贺率，二十余年以至成人，但因丈夫贺乔有亲生血胤得传香火，于氏养育贺率照父系继嗣制度的逻辑，被视为出继贺乔为后，应归还本生父母。于氏为了捍卫与贺率的母子关系，在表文中提出“养为己子”与“为人后”应有分别,立六不解、十疑,辩证养育贺率为己子,不是贺乔之后。于氏以母职经验出发,全力着墨养恩之重,建构一个以养恩为判准的母子关系,超越了父系制度对母职的控制,留下少见的、女性自己主张母子人伦如何建立的史料,值得深入分析。

第二节　一个母亲的观点:养为己子

东晋贺乔之妻于氏,上表朝廷,立六不解、十疑,论难时人对其养育贺率为子的质疑。于氏以妇人之身而有此举,实前无古人,亦可见其护卫母子关系之心切。于氏既要驳斥贺率应当还本之说,又须证成己与贺率的母子关系,其立论旁征博引,包括经典、故事、俗谚皆引用比附。于氏对于礼经、故典的诠释以及养育可自然成子的说法,是否代表女性的特殊观点?值得深入讨论。由于于氏所立的十六条论证,各自独立,次序并无明确的因果逻辑,而观点多有重合之处,为了便于分析其议论主张,笔者将六不解、十疑之次序更动,将论点相近者放在一起,立一标题概括其见,以呈现于氏提出何种主张来突破父系制度的人伦缔结方式,建构于己有利的母子人伦基础。

(一) 兄弟之子犹己子——贺率不是为人后

时人认为贺率应归还所生陶氏,并不是着眼于陶氏才是贺率的生母,而是以父系继嗣制度的原则来考量,因此于氏与贺率的母子关系,主要受到父系继嗣制度的破坏。依照父系制度的规范,子嗣归属于父系家族,从于父亲来认定谁为一家之子;父子关系的依据只有两种,一是亲生血缘、一是无子立后,后者可说是前者的替代方案。所以照继嗣制度的逻辑，贺率的身份是出继贺乔为后，今贺乔有子，故贺率应还本。因此于氏的立论重点之一便是破除贺率是为人后的说法，并进一步引用礼经与故事，强调“兄弟之子犹己子”，试图建立贺乔与贺率之间具有别于亲生与为人后的父子关系。

(1) 夫礼所谓为人后者，非养子之谓。而世之不深按礼文，恒令此二事以相疑乱，处断所以大谬也。凡言后者，非并时之称，明死乃至丧，生不先养。今乃以生为人子，乱于死为人后，此妾一不解也。

(2) 今谈者以乔自有纂，不嫌率还本也。原此失礼为后之意，《(丧服)传》曰：“为人后者孰后？后大宗也。”今乔上非大宗，率不为父后，何系于有纂与无纂乎？此妾二不解也。

(3) 夫以支子后大宗者，为亲属既讫，无以序昭穆、列亲疏，故系之以宗，使百代不迁，故有立后之制。今以兄弟之子，而比之族人之子后大宗，此妾三不解也。

(4) 夫人道之亲，父子、兄弟、夫妇皆一体也。其义，父子，首足也；兄弟，四体也；夫妻，判合也。夫惟一体之亲，故曰兄弟之子犹己子，故以相字也。今更以一体之亲，拟族人之疏；长养之实，比出后之名：此妾二疑也。

(1)、(2)、(3)条试图从礼制规范立后的资格与程序来反驳贺率的身份是为人后。于氏对立后制度的解释是：大宗负有序昭穆、列亲疏的职责，百代不迁，不可断绝，故大宗无子必须立后。立后的制度是选同宗族人支子过继大宗为后；但此制行于宗子死丧期间，生不先养。于氏特别强调大宗才需要立后，而且为后不生养、生养非为后，为后与养子不同。据此，贺乔在家族中并非大宗，没有立后的资格；贺率出生，于氏即养育如己子，与立后制度的程序不合。于氏辨明养育贺率非为贺乔之后，如此贺率的去留与贺乔是否有亲生子嗣便没有关联。

于氏言大宗方须立后，为后生不先养，是否合于礼经对立后制度的规范？《仪礼·丧服》经传论“为人后”：

> 传曰：何如而可为之后？同宗则可为之后。何如而可以为人后？支子可也。为所后者之祖父母、妻、妻之父母、昆弟、昆弟之子若子。①
>
> 为人后者孰后？后大宗也。曷为后大宗？大宗者，尊之统也。禽兽知母而不知父，野人曰：“父母何算焉。”都邑之士则知尊祢矣，大夫及学士则知尊祖矣，诸侯及其大祖，天子及其始祖之所自出。尊者尊统上，卑者尊统下。大宗者，尊之统也，大宗也，收族者也，不可以绝，故族人以支子后大宗也。适子不得后大宗。②

依《仪礼·丧服》经传所记，人子离开本生父母、出继为人后之制，其本义基于一族之大宗肩负收族使命，不可以绝嗣，所以大宗无后必须立后；而同宗族人的支子具有出继为人后的资格。“支子”据唐贾公彦《疏》，是指“第二以下庶子也。不言庶子云支子者，若言庶子，妾子之称，言谓妾子得后人，嫡妻第二已下子不得后人。是以变庶言支”③。所以有资格出为人后者，包括嫡妻所生第二以下嫡子及妾之子。基本上于氏对大宗才有立后资格的解释合于礼经。

立后的程序是否生不先养，死而立后？经传中对此并无讨论，历代事例则生养、死立兼有之（第三节将引例证讨论）；经传中亦没有关于养子的规范，故缺乏经典对养子与立后的区别，由此正是于氏可借题发挥之处，反驳养子即是为后的说法，而另外建立养育可缔结人伦

---

①《仪礼注疏》卷二九《丧服》，页4b。
②《仪礼注疏》卷三〇《丧服》，页9a。
③《仪礼注疏》卷二九《丧服》，页4b。

关系的论证。于氏提出为人后,生不先养,与所后者没有养育之情;生时即养的称作养子,恩情较为人后更深厚。养为己子之说经典无据,却是于氏主张的重点之一,下文将再作详细讨论。

第(3)条除阐述大宗立后的精神,同时指出兄弟之子不可比于族人之子后大宗,其意可联结第(4)条一并观之。于氏论父子、夫妻、兄弟有"一体之亲",典出《仪礼·丧服》传,解释世父母叔父母得受期服之由。① 父尊子卑,一体如首足;夫阳妻阴,一体如牉合;兄弟一父所出,一体如手足。世父、叔父与己父一体,故子为世父、叔父服期;世父母、叔父母夫妻一体,故亦为世母、叔母服期。②《礼记·檀弓》曰:"兄弟之子犹己子。"解释《丧服》中为兄弟之子服期的理由。"犹子,谓与己子同也。兄弟一体,服其子同于己子。引而进之,所以笃亲亲之恩也。"③寻于氏所论之出处,经典中的人伦规范的确以"亲亲"之义,拉近兄弟与兄弟之子的关系。故于氏引之以论证,族人支子可为子,是大宗立后制度的产物,而贺率为二伯之子,其夫贺乔本应视其犹如己子,无关于立后;于氏认为兄弟之子为子,与族人之子后大宗,二者之义根本不同。

然而《丧服》曰"族人以支子后大宗",理应包括兄弟的支子,兄弟之子和立后的制度在礼经中并没有互相排挤的效应。于氏刻意将兄弟之子与族人之子殊分,以为前者亲如己子,系于兄弟一体,而后者透过立后制度才产生亲子人伦。其实就礼制而言,兄弟之子固然亲于族人之子,然而二者在立后制度中地位是一样的。同时,《丧服》虽云"一体之亲",其下又曰:"故昆弟之义无分,然而有分者,则辟子之私也。子不私其父,则不成为子。"④以为子私其父本为天理人情。

---

① 见《仪礼注疏》卷三〇《丧服》,页 8a。

② 参考胡培翚案,见氏著《仪礼正义》卷二二《丧服二》,页 1410。

③ (清)孙希旦:《礼记集解》卷八《檀弓上第三之二》,北京:中华书局,1995 年,页 213—214。

④ 见《仪礼注疏》卷三〇《丧服》,页 8a。

故可知礼制主张世父、叔父与生父仍有亲疏之别,则己子与兄弟之子亦应有别;礼言"兄弟之子犹己子",本以解释为己子、兄弟之子制服相同的原因,而于氏显然扩大解释经典的含义,将二者视作亲疏等同。

除了援引礼经,于氏并引前代贤达诸葛亮之例,证明"兄弟之子犹己子"。

> (5) 诸葛亮无子,取兄瑾子乔为子。乔本字仲慎,及亮有子瞻,以乔为嫡,故改字伯松,不以有瞻而遣乔也。盖以兄弟之子犹己子也。陈寿云:"乔卒之后,诸葛恪被诛,绝嗣,亮既自有后,遣乔子攀还嗣瑾祀。"明恪不绝嗣,则攀不得还。亮近代之纯贤,瑾正达之士,其兄弟行事如此,必不陷子弟于不义,而犯非礼于百代。此妄四疑也。

于氏叙述诸葛亮以兄子诸葛乔为嫡之事,陈寿《三国志·诸葛亮传》亦记其本末,①可知确有其事。诸葛亮后自有子瞻,但"不以有瞻而遣乔",于氏释作是因为"兄弟之子犹己子";并认为诸葛亮与诸葛瑾皆为近代之名士,其行事必不违礼,足为式范。诸葛亮未遣乔还本,是否如于氏所解因"兄弟之子犹己子",实无法证实,但显然于氏有意以诸葛亮的行事印证:贺率为贺乔兄弟之子,故可为贺乔之子,不须还本。值得注意的是,诸葛亮养兄子乔为嗣,后自生子,乔与率的处境的确十分相似。姑不论诸葛亮未遣乔还本的理由,但显然诸葛亮作为父亲可以自专子嗣的去留,而于氏作为母亲却无法依己意留下贺率;笔者认为关键之处即在父系制度下性别权力的差异,值得再寻相仿事例探求。(见第三节)

---

① 见《三国志·蜀书》卷三五《诸葛亮传》,页931—932。

(二) 养为己子——养子与为人后恩义不同

于氏除了从立后制度来论证贺率不是为人后,又特别强调养育为己子与出继为人后的殊分,进一步欲以养育之恩来建立自己与贺率的母子关系。

(6) 凡为后者,降其本亲一等,以成人之性,奉父母之命,而出身于彼,岂不异婴孩之质,受成长于人,不识所生,惟识所养者乎? 鄙谚有之曰:"黄鸡生卵,乌鸡伏之,但知为乌鸡之子,不知为黄鸡之儿。"此言虽小,可以喻大。今以义合之后,比成育之子,此妄四不解也。

(7)《(丧服)礼传》曰:"为人后者,为所后(之)祖父母、妻、妻之父母、昆弟、昆弟之子,若子。"若子者,义比于子而恩非子也。故曰为后者异于为子也。今乃以为后之公义,夺育养之至恩,此妄五不解也。

(6)、(7)条从恩义的角度,论证义合之后与成育之子不可并比。于氏之论显然是依前文所立"为后生不先养"的立后程序而进一步推衍,区分为人后是成人受父命而出,与自婴幼即养育于他人,不识所生,唯识所养者,二者恩义不同。黄鸡、乌鸡之谚为民间俗语,于氏以此比喻养育可取代生育作为亲子关系的缔结依据,可见养育之恩也是时人重视的人情伦理。第(7)条出于《仪礼·丧服》经传的规范,为人后者,在所后家庭建立的人伦关系皆有如所后者之亲子。于氏分殊恩义来解释经文"若子"的含意,认为为人后是基于家族公义而比于亲子,但终究人伦恩情不同于人子。于氏所谓"恩非子也"观前后文,应亦指为后与为子,养育之恩不同。所以于氏"为后异于为子"的立论,是从"生不先养"的立后制度衍生公义与养恩的差别,以此欲论证自己养率为子至于成人,其恩与为后公义不同,不可言贺率是为人后而遣其还本,抹杀于氏的养育之恩。

除了从立后程序推衍养子与为人后恩义不同,于氏又举西汉董仲舒判狱之例,来证明养子不同于为人后。

> (8) 董仲舒命代纯儒,汉朝每有疑议,未尝不遣使者访问,以片言而折中焉。时有疑狱曰:"甲无子,拾道旁弃儿乙养之以为子。及乙长,有罪杀人,以状语甲,甲藏匿乙。甲当何论?"仲舒断曰:"甲无子,振活养乙,虽非所生,谁与易之!《诗》云:'螟蛉有子,蜾蠃负之。'《春秋》之义,'父为子隐',甲宜匿乙。"诏不当坐。夫异姓不相后,礼之明禁,以仲舒之博学,岂暗其义哉!盖知有后者不鞠养,鞠养者非后,而世人不别,此妄六疑也。
>
> (9) 又一事曰:甲有子乙以乞丙,乙后长大而丙所成育。甲因酒色谓乙曰:"汝是吾子。"乙怒,杖甲二十。甲以乙本是其子,不胜其忿,自告县官。仲舒断之曰:"甲生乙,不能长育以乞丙,于义已绝矣!虽杖甲,不应坐。"夫拾儿路旁,断以父子之律,加杖所生,附于不坐之条,其为予夺,不亦明乎!今说者不达养子之义,唯乱称为人后,此妄七疑也。

董仲舒以经义断狱著称,"老病致仕,朝廷每有政议,数遣廷尉张汤亲至陋巷,问其得失。于是作《春秋决狱》二百三十二事,动以经对,言之详矣"①。其书今已久佚。② 于氏二例未审出自何典。但观其前后立论皆引经据典,则此二例亦当有所本。于氏引仲舒言"螟蛉有子,蜾蠃负之"。其典出自《诗经·小宛》,传曰:"螟蛉,桑虫也;蜾蠃,

---

① 《后汉书》卷四八《应劭传》,页 1612。

② 见萧公权:《中国政治思想史》,台北:联经出版事业公司,1982 年,页 295、305。

蒲卢也。"郑玄笺云："蒲卢取桑虫之子，负持而去，煦妪养之以成其子。"①后世多以"蜾蠃负子"比喻非己所生而养之为子。仲舒二项判决，云"（甲）振活养乙，虽非所生，谁与易之！"以养恩而制为父子；"甲生乙，不能长育以乞丙，于义已绝矣！"以生而不养即绝父子之恩。于氏引二例，辩论礼制明禁异姓为后，而仲舒为汉代大儒，却判异姓相养者为父子，可证养子与为后不同，再次论证"为后者不鞠养，鞠养者非后"。董仲舒判狱多依"原心定罪"，循其意观其情，不拘泥于礼法制度。其将异姓判为父子，是只论彼此实际培养的恩情，而忽略异姓可否为后的问题；于氏论证仲舒之判既与礼制禁令并时同存，可见养子不同于为后。于氏分辨养为己子与为人后的差异，俨然创造了新的亲子关系；但她驳斥"世人不别（养子与为后）""不达养子之义，唯乱称为人后"，却透露出时人将养子等同于为人后的事实。

> （10）《春秋传》曰："陈女戴妫生桓公，庄姜以为己子。"言为己子，取而字之。《传》又曰"为人后者为之子"，往而承之也。取而字之者，母也；往而承之者，子也。在母，母之仁也，则蜾蠃之育螟蛉；在子，子之义也，则成人之后大宗也。苟能别以为己子与为后之子不同文也，则可与求礼情矣。以义相况，则宗犹父也，父犹母也。庄姜可得子戴妫之子，系之于夫也；兄弟之子可以为子，系之于祖也。名例如此，而论者弗寻，此妾五疑也。

于氏引庄姜以桓公为子之例，此典出于《春秋左传·隐公三年》："卫庄公娶于齐东宫得臣之妹，曰庄姜，美而无子，卫人所为赋《硕人》也。

① （唐）孔颖达：《毛诗正义》，《十三经注疏》阮元刻本《小宛》，北京：中华书局，1996年，页183c。

又娶于陈,曰厉妫,生孝伯,早死。其娣戴妫,生桓公,庄姜以为己子。"①于氏的论述可以分为两个脉络:其一从"《春秋传》曰"到"则可与求礼情矣"。于氏强调养育是母亲主动的作为,"言为己子,取而字之","在母,母之仁也,则蜾蠃之育螟蛉",强调母亲育儿以为己子,与以继嗣为目的往而承之的为人后不同;在区辨的背后,隐然创造了母与子以养育产生的亲子联系,有别于父与子所强调的血源与继嗣联结;欲突破注重父系继嗣原则的亲子关系论述。其二从"以义相况"以下,于氏又回到父系礼法中寻找论述支持。庄姜与戴妫共一夫,故嫡母可养妾子为己子;因为同一祖父,故兄弟之子可以为子。然而无论系之于夫或系之于祖,皆系之于男性家长,母亲无法以自己为主体建立母子关系,于氏的结论依然受限于父系制度。值得注意的是,于氏与贺纂(贺乔妾张氏之子)的关系更贴近庄姜与桓公之例。于氏为贺乔之嫡妻,乔妾张氏所生之子,在礼法上也是于氏之子,这是嫡妻不待争取便拥有的当然权利。然而贺乔之子与兄弟之子二者,于氏一心认同为己子的显然是自己从小养育的贺率,而非丈夫的亲生血脉,因此于氏对于养育之功的再三强调,成为另一个重要的论点。

(三)生与养其恩相半——生恩不可夺养功

除了究明贺率并非为人后,以及为人后与养为己子的区分,于氏与贺率的母子关系必须有另外的成立基础。同时于氏可能还受到贺率的生母陶氏挟生恩要求贺率归本的威胁。因此于氏必须化解生与养在认定人伦关系中的紧张,进一步立论养育可作为亲子人伦关系的依据,而且不受生恩侵夺。

① 杨伯峻编著:《春秋左传注·隐公三年》,页30—31。

(11) 妾又闻父母之于子，生与养其恩相半，岂胞胎之气重而长养之功轻？孔子曰："子生三年，然后免于父母之怀，故服三年。"《诗》曰："父兮生我，母兮鞠我，拊我畜我，长我育我，顾我复我，出入腹我，欲报之德，昊天罔极。"凡此所叹，皆养功也。螟蛉之体，化于蜾蠃；班氏之族，乳虎纪焉。由此观之，哺乳之义，参于造化也。今率虽受四体于陶氏，而成发肤于妾身，推燥居湿，分肌损气，二十余年，已至成人，岂言在名称之间，而忘成育之功？此妾一疑也。

(12) 为人后者止服所后，而为本父服周，一也；女子适人降所生，二也；为父后者为出母无服，三也；诸侯之庶子，不得服其母，四也；庶子为王，不敢服其母，五也。凡此五者，非致人情，《礼》称以义断恩，节文立焉。率情立行者，戎狄之道也，患世人未能错综礼文，表里仁义，乱于大伦，故汉哀以诸侯嗣天子，各还尊其私亲，以为得周公严父之义，而不知其大悖国典。夫未名之子，死而不哭；既名之后，哭而不服。三殇之差，及至齐斩，所禀所受，其体一也，而长幼异制，等级若此。又今世人生子，往往有杀而不举者，君子不受不慈之责，有司不行杀子之刑，六亲不制五服之哀，宾客不修吊问之礼，岂不以其蠢尔初载，未夷于人乎？生而杀之如此，生而弃之，受成长于他人，则追名曰"本吾子也"，乃全责以父子之恩，自同长养之功，此妾十疑也。

第(11)条于氏提出"生与养其恩相半"，不能重生恩而轻养功。于氏所引孔子之言出于《论语·阳货》，宰我以为父母之丧，服三年过久，应止于一年。孔子斥为不仁，特释三年之丧为报父母三年怀抱之恩。① 诗则出于《诗经·蓼莪》，刺幽王多役，民人劳苦，孝子不得终

① 程树德：《论语集释》卷三五《阳货下》，北京：中华书局，1990年，页1231—1240。

养。① 于氏引据经典,偏取其中赞扬养育功劳之意。“螟蛉之体,化于蜾蠃”,本于《诗经·小宛》,前文已解释其义。“班氏之族,乳虎纪焉”,其典出于《汉书·叙传》,班固自叙其家世源流:

> 班氏之先,与楚同姓,令尹子文之后也。子文初生,弃于瞢中,而虎乳之。楚人谓乳“谷”,谓虎“於檡”,故名谷於檡,字子文。楚人谓虎“班”,其子以为号。秦之灭楚,迁晋、代之间,因氏焉。②

照班固的说法,班氏是楚国令尹子文的后代。子文初生被弃养,赖母虎哺乳而得活。楚人把虎叫做“班”,子文之子便以“班”为号。后来秦国灭楚,子文的后代迁往晋、代之间,就以“班”为氏。螟蛉之子,受蜾蠃养育便成蜾蠃之子;先人受虎乳养而得活,子孙便以“班”为氏。于氏引此二例,以为养育之功与自然的创造化育可并比等同,养功比于生恩实不遑多让。于氏以此论证贺率虽为陶氏所生,然而出生以来,受自己辛勤照顾抚育,“二十余年,以至成人”,岂可“言在名称之间”,便忘二十余年成育之功。“名称之间”可能指为后、为子之名;但观本条脉络,主要是以生恩对比养功,驳斥生育重于养育的看法,故“名称之间”或是指“生”与“养”。

第(12)条分别从子和父母的立场,证明生恩并非无限上纲。前半的论证,于氏引《丧服》中,子降服本生父母的规范。于氏并不分辨礼经对制服条件及理由的差别,而统称子降服所生是以义断恩;挪用礼经“家族公义”的大旗,压抑生恩。于氏认为西汉哀帝以诸侯入继,追尊所生为皇,大悖国典,欲证成生恩亦有因义而断之时,子若率情而尊之,反而有悖人伦义理。

---

①《毛诗正义·蓼莪》,页 191c—192a。
②《汉书》卷一〇〇《叙传》,页 4197。

于氏后半部分的论证，则引《丧服》中父母为子服丧的规范，证明父母对于己生之子不一定重视。我们之前讨论母为子服丧的规范时，已见即使皆为所生，父母为长子服亦重于为众子服丧。而对于子早殇者，以其未成人而死，《丧服》另有特别的规范：

> 年十九至十六，为长殇大功九月。十五至十二，为中殇。十一至八岁，为下殇。不满八岁以下，皆为无服之殇。无服之殇，以日易月。以日易月之殇，殇而无服。故子生三月，则父名之，死则哭之，未名则不哭也。①

父母丧未成人之子，依其年龄长幼，而分别制以长、中、下，三种殇服；长殇服大功九月，中殇服大功七月，小殇则为小功五月。② 若子未满八岁而死，父母为之无服，但尚有“哭之”之礼。郑玄注曰：“以日易月，谓生一月者，哭之一日也。殇而无服者，哭之而已。”③可知八岁以下之殇，父母视其所生月数，易之以日，哭之而已，不为着服。然而若子生未满三月，尚未命名，则连“哭之”之礼也没有了。于氏以此论证，子于父母皆为禀体所生，而父母为子服丧，至重有斩齐之服，至轻连“哭之”都不必，“长幼异制，等级若此”，可见不因子为亲生，父母便皆亲爱。于氏进一步指出现实中多有父母生子却弃而不举者，有司不以杀人之罪处之，亲友也未服丧吊唁，之所以有这样的现象“岂不以其蠢尔初载，未夷于人乎”。于氏提出初生之子动而无知，未被等同为“人”，所以其生命不受尊重，杀之而不罪，死而不服、不吊。初生之子既“未夷于人”而或杀或弃，则其成长为“人”岂不由于养育之功，因此生恩并不重于养功，生恩不可侵夺养功。于氏的观点贬抑生育

① 《仪礼注疏》卷三一《丧服》，页 13a。
② 长殇、中殇之服见《仪礼注疏》卷三一《丧服》，页 13b；下殇见卷三二，页 16a。
③ 《仪礼注疏》卷三一《丧服》，页 13a—13b。

的意义和重要性,不断强调生恩不重于养功,不能以生恩为名追夺他人养育之子,其论应是针对陶氏而发。贺辉、贺率的生母陶氏,在孩子幼小时"时取孩抱",屡屡受到丈夫贺群的呵止,可隐见现实中,贺率的生母陶氏与长养贺率成人的于氏,二人争率为子的冲突。

于氏又引两则养异姓为子之史例故事,论证养功可取代生恩作为亲子人伦成立的依据。

> (13) 汉代秦嘉早亡,其妻徐淑乞子而养之。淑亡后,子还所生。朝廷通儒移其乡邑,录淑所养子,还继秦氏之祀。异姓尚不为嫌,况兄弟之子！此妾八疑也。
>
> (14) 吴朝周逸,博达古今。逸本左氏之子,为周氏所养,周氏又自有子,时人不达者亦讥逸,逸敷陈古今,故卒不复本姓,识学者咸谓为当矣。此妾九疑也。

汉代秦嘉、徐淑夫妇鹣鲽情深,然而秦嘉不幸早亡,徐淑兄弟欲安排其改嫁,淑修书与兄弟曰:"男弱未冠,女幼未笄,是以僶俛求生,将欲长育二子,上奉祖宗之嗣,下继祖称之礼,然后觐于黄泉,永无惭色。"誓不改嫁。① 徐淑所养二子为异姓之人,只见于于氏表文;吴朝周逸之事亦无史传可证。不过放在于氏立论的脉络,引徐淑、周逸之例,亦在强调养育可作为亲子人伦缔结的基础;异姓犹因养功而得奉祀载姓,何况贺率本为兄弟之子,复受于氏养育成人之恩。值得注意的是,周逸不还本亦受时人所讥,可见异姓为子不容于当世;逸为子辈,却自己"敷陈古今"不复本姓,或许其时家长皆已没世,族中又无近亲长辈,故得以自专去留。而贺率依违在生母与养母之间,如何界定自己的身份？恐怕十分为难,在贺率的心中,究竟养功与生恩孰重？

---

① 徐淑:《与兄弟书》,见《全上古三代秦汉三国六朝文》,页991。严可均注:"'称'当作'祢'。"

（四）父命之尊、犹子之义、母抱之恩——贺率为于氏之子

于氏既分辨贺率的身份不是为人后，论证养育可成母子，生恩不可侵夺养功；然而于氏如何定位贺率在家族内的身份？贺乔、于氏与贺率又如何建立人伦关系？以下试作归结。

（15）与为人后者，自谓大宗无后，族人又既已选支子为之嗣矣。今人之中，或复重为之后，后人者不二之也，自非徇爵，即必贪财，其举不主于仁义，故尤之也。非谓如率为嫡长先定，庶少后生，而当以为讥。此妾六不解也。

（16）夫子之于父母，其情一也；而有以父之尊，厌母之亲；以父之故，断母之恩；以父之命，替母之礼；其义安取？盖取尊父命也。凡嫡庶不分，惟群所立，是君命制于臣也。慈母如母，生死弗怠，是父命之行于子也。妾之母率，尊命则由群之成言，本义则乔之犹子，计恩则妾之怀抱。三者若此，而今弃之，此妾三疑也。

第（16）条，于氏分别定位贺群与贺率、贺乔与贺率以及己（于氏）与贺率的关系，来解决贺率在家族中的身份问题。于氏引父系制度中“父至尊”的原则，强调父尊于母，观下文脉络，此应指贺群之命尊于陶氏；于氏认为贺群命贺率为己子，贺率应尊父命，断生母陶氏之恩，此又可证陶氏争取贺率还本之实。于氏引“慈母如母”，论证以父命结为母子，人子必须遵奉，生事之如母，死丧之如母，比喻自己与贺率的关系。然而《仪礼·丧服》言“慈母如母”，是父命行于己妾与妾子，不可行于嫡子，何况于氏是兄弟之妻，非贺群之妾；于氏显然只取慈养与父命之义，而不顾父系礼法的规范限制。礼法中，子遵父命为子有两种情况，一是受父命出为人后，行于同宗两家之间；二是父命妾及

妾子为母子,行于一家之内。于氏的立论所欲反驳的正是出继为人后的认定,所欲论证的是以养育建立母子关系。于氏将礼经对父命的尊崇及慈母之义,移花接木,变成贺率受父命以于氏为母,受于氏养育之恩,二人以此成为母子。

综而论之,于氏认为贺群既是贺率的生父,贺率须遵从父命,贺群命贺率以于氏为母,则贺率应生死皆奉于氏如母。对贺乔而言,贺群、贺乔兄弟一体,兄弟之子犹己子,故贺乔与贺率犹如父子。对于氏而言,养育贺率为己子,名义是使于氏存身于贺家,实恩则是推燥居湿、长养贺率二十余年,母道备矣。总而言之,贺率尊父亲贺群之命为于氏之子;贺乔以兄弟之子犹己子而相字贺率;于氏对贺率有褓抱提携、长养之母恩,因此于氏与贺率可为母子。贺率既为于氏之子,身份便是嫡子,第(15)条于氏的六不解言,"率为嫡长先定,(纂)庶少后生",于氏以己为嫡妻的身份,来界定贺率在贺乔家的嫡长身份。于氏与率的母子关系,主要从母养的恩惠确立,并非依循礼经从夫而来,而且于氏显然认为贺率既是自己的儿子,便是贺乔的嫡长子,以自己为主体来安排家内的人伦秩序。

于氏从个人的母职经验出发,提出养育可为己子的人伦观点,试图突破父系礼制的继嗣逻辑,争取自己为母的权利。于氏的论证方式包括援引经文、举证前人故事及名儒判例,诉诸权威来增添论点的说服力。我们已讨论过五服制背后代表的是一套宗法制度,一套以尊祖敬宗、父系继嗣为架构的人伦体系,所谓母亲的角色并非单纯由血缘关系来界定,于氏利用父系礼制对生母的压抑,打击陶氏,但母子关系应以父亲为中心做调整,因此于氏诠释礼经的规范为己证成不免有矛盾牵强之处。然而经文简洁,如何解释本身即具争议,同时社会风气也不会总是合于礼经规范。我们曾讨论过为嫁母服与同母异父兄弟服,因礼经无文,时人反而得以缘情制礼,使得"生"的恩情突破父系制度对亲生母亲的压抑。《仪礼·丧服》中并无养子的规范,于氏由此发挥,分辨养子与为人后不同,进而建立养育可自然成子的亲子观。衡诸史传,以养育为亲子人伦的基础,之前从未被正式提出,作为礼制中有别于生育以及立后的另一种亲子人伦依据。生育必由父母,而礼制规定尊父;养育的工作多由女性担任,于氏的观点意味女性可以依此建立对己有利的母子关系。于氏的立论,对于部分无法生育但能养育的女性有利,但对于另一群有生育能力的女性却可能造成威胁。

于氏以女性为母经验作为母子关系成立的依据,对父系家族以父亲为核心来安排人伦关系的原则,带来严重的挑战,母亲若能以自己为主体建立母子关系,隐然解构了父系家族的父系优势。于氏并没有这种企图,她只是从自己的母职经验出发,认为自己是贺率的母亲。父系制度会如何回应她的诉求?下一节我们从朝臣的评议及魏晋时期的相关事例,讨论父系制度对母职的控制。

第三节　父系制度对母职的控制

于氏的上表引发四位朝臣展开论辩与批评。博士杜瑗同意于氏的立论,以同情的角度认为“猥欲同之与为人后,伤情弃义,良可悼也”。廷史陈序引法令规范发言,判定贺率应“别为户”。尚书张闿指出“今人养子皆以为后”,驳斥于氏所论是“博引非类之物为喻”。丹阳尹臣谟则十分赞同张闿的论理,认为“上足以垂一代之式”。四位朝臣的看法可视为时人权威意见,其立场分别着重于人情、法令、礼制规范及现实实践。笔者试与魏晋时期的相关事例一并讨论,分析于氏立论以养育为据的亲子人伦,与魏晋时代的人伦观念发展是否相容或冲突,于氏以自身的母职经验对父系制度发出的挑战,获得怎样的回应。

(1) 博士杜瑗议曰:"夫所谓为人后者,有先之名也,言其既没,于以承之耳,非并存之称也。率为乔嗣,则犹吾子,群之平素,言又恻至,其为子道,可谓备矣,而猥欲同之与为人后,伤情弃义,良可悼也。昔赵武之生,济由程婴,婴死之日,武为服丧三年。夫异姓名义,其犹若此,况骨肉之亲,有顾复之恩,而无终始之报!凡于氏所据,皆有明证,义不可夺。"

杜瑗认为"为人后"之名,正是言其行于立后者身殁之后,立后者与为后者不并存于世。他也认为贺率之于贺乔有"犹子"之义;又贺群生前可怜于氏无子,命贺率为于氏之子,因此贺率为于氏之子的确可以成立。杜瑗以同情的口吻指出,若将贺率"同之与为人后,伤情弃义,良可悼也"。

杜瑗在评议中引赵武与程婴的故事,其典出于《史记·赵世家》,赵氏一族遭灭族之难,当时赵武尚在母腹中。程婴为武父友人,赵武出生后,程婴为保赵氏香火,携赵武匿于山中十五年,赵武后来长成得报家仇,程婴的养活之恩最为重大。程婴死,"赵武服齐衰三年,为之祭邑,春秋祠之,世世勿绝"①。齐衰三年之服是子行于父卒为母,因此赵武是将程婴养长之恩比作母恩,而无关于为后之义。杜瑗引赵氏孤儿的故事,认为异姓有长养之惠便视之有如母之恩,何况原是兄弟之子,复受于氏养育之恩。杜瑗和于氏的立论十分类似,认为长养之恩可视作如母;但父系制度中子的身份须系之于父,故不断强调贺率对于贺乔是"兄弟之子犹己子"。

杜瑗在《晋书》中无传,共他典籍中也鲜少记载其事。博士官职隶属于太常,《通典·职官典》曰:"魏文帝初置,晋因之,掌引导乘舆。王公以下应追谥者,则博士议定之。端委佩玉,朝之大典,必于询

---

①《史记》卷四三《赵世家》,页1783—1785。

度。"[①]《晋书·职官》称："博士皆取履行清淳，通明典义者。"[②]杜瑗官列博士，应有丰富的礼学素养。四位朝臣中，杜瑗是于氏立论的唯一支持者，认为"凡于氏所据，皆有明证，义不可夺"。其言论显示于氏对礼制的解释、重视养功的论点，的确可被部分同时代人所接受。于氏的立论及杜瑗的评议皆曾举异姓养育疏可为亲之例，若欲探究魏晋时人对生恩与养功的取舍，以及是否可依养育之恩成为亲子，或许可以从魏晋时人对异姓为后的看法窥知一二。

《通典》载，魏时有针对父母生子不举、异姓无儿者收养之、异姓是否可为后的议礼，称为"四孤论"。[③] "异姓不为后"，本于《仪礼·丧服》所言，立后只能择同宗支子立之；此外《春秋左传·僖公十年》亦载"神不歆非类"。[④] 无子立后的首要意义便是延续家族传承、祖宗祭祀，而不是为了满足人伦之情；既然神灵不享受他族之人的祭祀，若以异姓为后，便等于断绝家族的传承与祭祀，而成为家族罪人。禁止以异姓为后，具有悠久的历史传统，魏人却提出"四孤论"讨论异姓为后的问题，显然对于"异姓不为后"的规范，认为有值得商榷之处。在"四孤论"中，议论者不论是否赞成四孤可为异姓之后，对于养育的恩惠皆不敢轻忽，因此"四孤论"表现出养育之功在魏人的观念里具有相当的分量。由此可见，于氏认为养育可制为亲子的看法，并非全然无中生有；博士杜瑗认同于氏的立论，也非仅是出于同情。

然而从法律沿革观之，法令禁止异姓为后，似乎自汉以来并无改变。前文于氏引董仲舒断狱之例，即可知西汉法令禁止异姓为后。三国时期蜀人卫继有兄弟五人，父为县功曹，县长张君无子，向卫继之父乞继，养为子。卫继后来进仕州郡，历职清显，然而"时法禁以异

---

① 《通典》卷二五《职官典七》，页 694。
② 《晋书》卷二四《职官志》，页 736。
③ 《通典》卷六九《礼典二十九》"异姓为后议"条，页 1914—1915。
④ 见杨伯峻编著：《春秋左传注》，页 334。

姓为后,故复为氏”。卫继卒于钟会之乱,法禁应指蜀汉之法。① 西晋贾充薨而无嗣,其妻郭氏上表称贾充遗意,以外孙韩谧为子。朝廷允其表,诏曰:“太宰尊勋,不同常人,自余不得为比。”②可见西晋亦禁止以异姓为后。东晋殷仲堪,任荆州刺史,“以异姓相养,礼律所不许”为其政,佐史咸服之。③ 这些例子一方面显示历代皆禁止异姓为后,另一方面却见时人多不遵守,甚至朝廷亦无法坚持,殷仲堪只不过秉礼律而行,便成为其独特的政绩。魏晋时人吴商曰“世人无后,并取异姓以自继”,④可见异姓为后十分普遍;东晋范甯与谢安书曰:“称无子而养人子者,自谓同族之亲,岂施于异姓?今世行之甚众,是谓逆人伦昭穆之序,违经典绍继之义也。”⑤范甯的批评正呈现时人所行与礼律规范落差极大。

于氏举现实中异姓为子之例,一方面企图在礼制与现实的落差中,证成养为己子之说;另一方面,从异姓为子普遍存在的现实脉络来看,于氏不断疾呼:“异姓犹不为嫌,何况养兄弟之子!”确有令人动容之处。但是养异姓为子仍是以父系继嗣传承为目的,并未触及女性养育与亲子人伦可能联结的关系。因此于氏虽费心铺陈异姓为子不为嫌的例证,但就父系制度而言,贺乔有子,即代表家族有后,不需要于氏养育贺率为子;就于氏而言,于氏无子,养育贺率为己子,而不是为了父系家族,这样的观点并不能被父系制度所接受。

(2) 廷史陈序议:“《令文》:‘无子而养人子以续亡者后,于

---

① 见《三国志·蜀书》卷四五《杨戏传》,裴松之注引《益部耆旧杂记》,页1091。
② 见《通典》卷六九《礼典二十九》“异姓为后议”条,页1915。
③ 见《晋书》卷八四《殷仲堪传》,页2194—2195。
④ 吴商之议收于《全上古三代秦汉三国六朝文》,页1712。《通典》亦收有此议,然冠以后汉吴商,未审何是。见《通典》卷六九《礼典二十九》“异姓为后议”条,页1914。
⑤ 见《通典》卷六九《礼典二十九》“异姓为后议”条,页1914。

事役复除无回避者听之,不得过一人。'《令文》:'养人子男,后自有子男,及阉人非亲者,皆别为户。'按乔自有子纂,率应别为户。"

陈序的主张很明确,引晋令讨论,一切依法而行。为人后可免除徭役,应是指于服丧期间,法令特别强调"不得过一人",显示的确有重复立后的现象发生。养人子男后自有子男应别户,因此陈序判定贺率应别户,别户是否即代表归本,尚有疑义。值得注意的是,晋令一谓"无子而养人子以续亡者后……"云云,似意谓死而立后;二说"养人子男,后自有子男……"云云,又明指生即先养。二令显示不同的立后程序,陈序却并举为证,似可见法令中立后之制的规范,并不以为生时先养与死而立后,在为人后的意义上有所分别。史传中所见立后的实例又是如何?以下试举例论之。

西晋刘颂无子,养弟刘和子雍为嗣。刘雍早卒,更以雍弟翊之子刘鄢为嫡孙。刘颂于永康元年追封梁邹县侯,鄢袭封。① 范阳康王虓,无子,养从兄平昌公司马模之子黎为嗣。② 皇甫谧出后叔父,叔父后自有子。谧年四十丧所生后母,而叔父子既已成年,谧遂还本宗。③ 东晋王敦无子,养兄王含之子应。④ 以上所见,皆是生时即养为嗣子之例。是否死后方立嗣较难判断,可确知者,多见于夫早亡、妻不愿改嫁而乞子守养,如于氏所举东汉徐淑之例,以及魏曹文叔之妻夏侯令女。⑤

由以上事例观之,于氏诠释立后生不先养,的确与现实风气不甚符合,而且我们也从例子发现,立后之制并未仅行于大宗。于氏虽依

①《晋书》卷四六《刘颂传》,页1308;同卷注八,页1314。
②《晋书》卷三七《范阳康王虓传》,页1101。
③《晋书》卷五一《皇甫谧传》,页1409—1410。
④《晋书》卷九八《王敦传》,页2560。
⑤《三国志·魏书》卷九《诸夏侯曹传》,裴松之注引皇甫谧《列女传》,页293。

据礼经,断言大宗才需要立后,但史传所见实例并非如此。《通典》卷九十六载东晋“出后者却还为本父服及追服所后父议”:

> 或曰:“甲有子景,后叔父乙。甲死,景以降服周。涉数年,乙之妻又亡,景服父在为母之服。今叔父自有子,景既还本,当追报甲三年服否?若遂即吉,则终身无斩缞之服。”博士曹述初议曰:“礼,大宗无子,族人以支子后之。不为小宗立后,明弃亲即疏。叔非大宗,又年尚少,自可有子。甲以景后,非礼也。子从父此命,不得为孝。父亡则周,叔妻死,制母服,于义谬也。今归本,宜制重,以全父子之道。”……张湛谓曹曰:“礼所称为人后,后大宗,所以承正统。若非大宗之主,所继非正统之重,无相后之义。今乙虽无子,于礼不应取后于甲。甲之命景,景之从甲,皆为违礼。若如前议,则兄弟以子相养者,代代有之,此辈甚众,时无讥议。盖同系一祖,兄弟所生,犹如己子,非犯礼违义故也。虽非礼之正义,亦是一代成制,由来故事,岂可以甲命独为非礼,景从便为失道。此之得失,自当与代人共之耳。”①

这条议礼又再次佐证生时即养子为后的现象。博士曹述初以大宗方可立后,驳斥景出后叔父是非礼之举,主张景应为父追服三年;可见于氏依据《仪礼》言大宗才可立后,并非曲解。张湛亦同意大宗立后是礼经所明言,但他更进一步指出现实中兄弟以子相养为后的情况“代代有之,此辈甚众”,已成一代之制,应放在时代脉络中来评价。张湛之言道出了现实并未遵行典范的尴尬,但他坦白地指出小宗立后虽违礼,亦成一代之制,从务实的角度,安于顺时用礼。清胡培翚《仪礼正义》讨论“后大宗”之义,引徐乾学云:“古礼,大宗无子则立

---

①《通典》卷九六《礼典五十六》“出后者却还为本父服及追服所后父议”条,页2583—2586。

后,未有小宗无子而立后者也。自秦、汉以后,世无宗子之法,凡无子者,即小宗亦为之置后。"①徐氏之论,明白指出秦汉以来家族形态转变后,立后制度的变化。

由此观之,于氏谓"乔上非大宗,率不为父后"之论,确合于礼文,但却不一定能说服同时代之人;而于氏称立后是生不先养,虽有杜瑗赞同其说,实际上既缺乏经典文字为证,也难从现实中寻得同情。

(3) 尚书张闿议:"贺乔妻于氏表,与群妻陶辞所称不同。陶辞:乔妻于无子,夫群命小息率为乔嗣。一年,乔妾张生纂。故骠骑将军顾荣谓群,乔已有男,宜使率还,问与为人后者不。故司空贺循取从子紘为子,鞠养之恩,皆如率,循后有晚生子,遣紘归本。率今欲乔,即便见遣,于表养率以为己子,非谓为人后,立六义十疑,以明为后不并存之称,生言长嫡,死乃言后,存亡异名。又云'乞养人子而不以为后',见于何经?名不虚立,当有所附,以古者无此事也。今人养子,皆以为后。又云'为人后者,族人选支子为之嗣,非谓如率为嫡先定,庶幼后生,而以为讥'。此乃正率宜去,非所以明其应留也。且率以若子之轻义,夺至亲之重恩,是不可之甚也。于知礼无养子之文,故欲因今世乞子之名,而博引非类之物为喻,谓养率可得自然成子,避其与后之讥乎!"

张闿指出陶氏(贺率的生母)之辞与于氏不同,可见陶氏亦曾以某种形式表述事情本末,而显然立场与于氏相对立。我们之前即曾提到陶氏、于氏争夺贺率为子的形迹,张闿所言更足以确认。陶氏的述词应是认为贺率的身份是出后贺乔;乔妾生贺纂后,贺群尚健在时,即

① 见胡培翚:《仪礼正义》卷二二《丧服二》,页1424。

有顾荣等人认为贺率应还本。顾荣为吴国吴人,家为南土著姓。①顾荣与贺群似乎交往亲密,贺家可能也是东吴地方的士族,或许即是会稽山阴贺氏之支系,若然,难怪其家族的继承问题,如此受人重视。张闿援引当代礼学名家、会稽山阴贺循之例佐证贺率应还本,若贺群确是会稽山阴贺氏,则两人应有亲属关系;而且贺循在江左有极高的声望,元帝称其:“言行以礼,乃时之望,俗之表也。”②“朝廷疑滞皆咨之于循,循辄依经礼而对,为当世儒宗。”③因此张闿引贺循所行为例,对时人应有很强的说服力。

于氏之前曾引诸葛亮以兄子为嗣为已证成,其时代与于氏相距已一百多年,而张闿则举当代贺循之例,反驳于氏。诸葛亮与贺循二者做法的差异,是否是人伦观念与时推移的结果?史传相关的事证太少,此假设不易回答,姑且备举两个南北朝仅见的例子,作为参考。南齐鱼复侯子响,“世祖第四子也。豫章王嶷无子,养子响,后有子,表留为嫡”④。北周柱国大将军豆卢宁,初未有子,养弟永恩子勣。“及生子赞,亲属皆请赞为嗣。宁曰:‘兄弟之子,犹子也,吾何择焉。’遂以勣为世子。世以此称之。”⑤这两个南北朝的例子,皆是以兄弟之子为后,后自生子,但是皆由家父长做主,留下兄弟之子为嗣。

这些分属不同时代、地域的例子,不足以归纳出关于以兄弟之子为后、后自有子的处置差异,是否与时代风气相关。但从性别权力的角度观之,这四位男性家长,不论留兄弟之子为嫡嗣,或是遣兄弟之

① 见《晋书》卷六八《顾荣传》,页1811。
② 见《晋书》卷六八《贺循传》,页1828。
③ 见《晋书》卷六八《贺循传》,页1830。
④ 见《南齐书》卷四〇《武十七王传》,页704。
⑤ 见《周书》卷一九《豆卢宁传》,页310。豆卢宁以兄弟子为嗣还受到称扬,或许与北方重同姓骨肉的风气有关。《宋书·王懿传》云:“北土重同姓,谓之骨肉,有远来相投者,莫不竭力营赡。”(《宋书》卷四六《王懿传》,页1391)

子归本,皆以身为父家长的权力主断而行,即使在他人有异议的情况下,男性家长依然握有最终决定嗣子的权力。笔者在第一章曾讨论于氏表文中,缺乏贺乔的意见,推论贺乔并未积极支持于氏,或许这正是于氏难以留住贺率为子的关键。在父系制度下,父与子的关系才是认定子嗣的判准。于氏故事中,贺群将贺率给予于氏扶养,让于氏得以养育属于自己的子嗣,同时却剥夺了陶氏的母亲身份;贺乔不以贺率为子,使得陶氏可以依据父系继嗣的制度争回贺率,又剥夺了于氏的母亲身份。在父系制度下,女性无法以自己为主体表现自己的意志,处处受制于人,虽然陶氏最后借由父系礼制争回儿子,但纵观整个争夺子嗣的过程,陶氏与于氏都是父系制度下的牺牲者。

对于于氏所立六不解、十疑,张闿并未一一讨论,他主要提出的反驳有二:其一,于氏所谓乞养人子而不以为后,于礼无据。张闿认为古代根本没有养子不为后的事,且今人养子皆以为后。张闿对于于氏反复论辩所欲阐明的养育之功、顾复之恩,完全置若罔闻,全然站在父系继嗣的角度解释亲子关系;父系制度生、养子嗣的目的就是传承父系家族,因此断论养子皆以为后。其二,于氏以自己为主体来安排贺率的身份,称贺率为嫡先定,贺纂庶幼后生,张闿认为贺率以若子之轻义夺至亲之重恩,是不可之甚。依然是从贺乔的立场,判断二子孰亲孰疏;于氏引"兄弟之子犹子",亦被张闿认为"犹子"不能和亲子并比,重视的还是以父亲为主体的人伦关系。

对贺乔而言,贺率只是兄弟之子,贺纂才是骨肉至亲。对于氏而言,贺率与贺纂于己皆没有血源之亲,贺纂为丈夫的亲子,在父系礼法中为于氏的庶子;而贺率与于氏的亲属关系原只是侄儿与叔母,但从于氏的生命经验来看,于氏与贺率有共同生活的经验与情感,经由养育建立起实质的母子恩情。因此,于氏一心认同为己子的是自己亲手抚养长大的贺率,而不是父系制度指派的贺纂。在父系家族中,理所当然地以父亲为主体来安排母子关系,超出父系制度的女性经验与情感往往被否认其存在,或无法被理解而自然视为荒谬。于氏欲建构的、别于血源与继嗣、以长养为基础的亲子观,似乎根本不被张闿等时人理解,被斥责是“博引非类之物为喻”,否认女性养育可自然成子的可能。于氏的上表抗争最后以失败结束,夫已死,养育成人之子又被父系制度判定不是于氏的儿子,于氏的晚年如何自处,思之令人伤感。

父系家族对母职的控制,一方面借由礼制刻意压低母亲的地位;另一方面,在生育文化的压力下,“强迫”女性必须生育,性别分工将养育子嗣的责任交给母亲,并借由史传称扬塑造理想的母亲形象,利用女性的母职为父系家族传承服务。母亲为了儿子“含辛茹苦”“牺牲奉献”,然而当女性在担任父系制度母职的过程中,借由褓抱提携、推燥居湿、训诲教导等母职实践,建立起母与子的亲密情感以及权力关系,母子情感往往亦回头挑战父系制度对母职的控制。

魏晋时期的母子关系,在母子情感与父系制度之间有着微妙复杂的融合与对抗。母亲为家族诞育子嗣、培养贤子,将父系文化的价值观念灌输在儿子身上,也将自己的生命实践寄托于儿子的功成名就。继承家主的孝子为母伸情,儿子跻登贵位或成就大业,亦往往“母以子贵”,抬高了母亲被压抑的地位,在一定程度上松动了父系制度对母子关系的控制。但是父亲的至尊地位并未动摇,母子即使情感深厚,也抗拒不了父命的绝对权力,这在父命母出及儿子奉父命出继的事例中最清楚不过。

母子情感对父系制度构成挑战,往往发生在父亲亡故之后,母亲成为寡母得以对儿子发号施令,俨然如女家长;但有时孝子还是必须援引父命为自己的违礼举动证成,因为礼法公论推崇父命的权威,父命依然主宰着母子关系。谁可为子?谁可为母?只有能够在父系文化的伦理价值中被承认的母子关系,其母子情感才能被接受并引起共鸣。亲生母子的“天生”情感,被魏晋时人视为理所当然,而成为母亲挑战父系制度的利器;但是像于氏这样以养育的母职经验争取自己成为"合法"的母亲,却由于超逸出父系制度以父亲认定亲子的根本原则,而四处碰壁、沉冤千古。父系制度决定母子关系是否得以成立,在获得承认的前提下,母子之情才能争取到同情,才能够试图在父系制度的框架内,以母子情感挑战父系制度。

参考书目

一、基本史料(依经史子集四部分类)

(一) 经部

《周易》,(清)阮元校刻《十三经注疏》本,北京:中华书局,1996。

《诗经》,(清)阮元校刻《十三经注疏》本,北京:中华书局,1996。

《诗经注析》,程俊英、蒋见元著,北京:中华书局,1996。

《仪礼》,(清)阮元校刻《十三经注疏》本,台北:世界书局,1963。

《仪礼正义》,(清)胡培翚撰,南京:江苏古籍出版社,1993。

《礼记》,(清)阮元校刻《十三经注疏》本,北京:中华书局,1996。

《大戴礼记解诂》,(清)王聘珍撰,北京:中华书局,1992。

《礼记训纂》,(清)朱彬撰,北京:中华书局,1996。

《礼记集解》,(清)孙希旦撰,北京:中华书局,1995。

《礼记译注》,杨天宇著,上海:上海古籍出版社,1997。

《春秋公羊传》,(清)阮元校刻《十三经注疏》本,北京:中华书局,1996。

《春秋公羊传译注》,王维堤、唐书文著,上海:上海古籍出版社,1997。

《春秋穀梁传》,(清)阮元校刻《十三经注疏》本,北京:中华书局,1996。

《春秋左传》,(清)阮元校刻《十三经注疏》本,北京:中华书局,1996。

《春秋左传注》,杨伯峻著,北京:中华书局,1993。

《孝经》,(清)阮元校刻《十三经注疏》本,北京:中华书局,1996。

《孝经译注》,汪受宽著,上海:上海古籍出版社,1998。

《论语集释》,程树德著,北京:中华书局,1990。

《释名疏证补》,(清)王先谦补,台北:台湾商务印书馆,1968。

(二) 史部

《史记》,(汉)司马迁撰,顾颉刚等点校,北京:中华书局,1992。

《汉书》,(汉)班固撰,傅东华等点校,北京:中华书局,1992。

《东观汉记校注》,(汉)刘珍等撰,吴树平校注,郑州:中州古籍出版社,1987。

《后汉纪校注》,(晋)袁宏撰,周天游校注,天津:天津古籍出版社,1987。

《续汉书》,(晋)司马彪撰,收入(清)汪文台辑,《新校本后汉书附补编十三种》,台北:鼎文书局,1977。

《后汉书》,(南朝宋)范晔撰,宋云彬等点校,北京:中华书局,1993。

《三国志》,(晋)陈寿撰,陈乃乾点校,北京:中华书局,1995。

《晋书》,(唐)房玄龄等撰,吴则虞等点校,北京:中华书局,1991。

《宋书》,(梁)沈约撰,王仲荦等点校,北京:中华书局,1996。

《南齐书》,(梁)萧子显撰,王仲荦等点校,北京:中华书局,1995。

《梁书》,(隋、唐)姚察、姚思廉撰,卢振华等点校,北京:中华书局,1992。

《陈书》,(隋、唐)姚察、姚思廉撰,卢振华等点校,北京:中华书局,1995。

《南史》,(唐)李延寿撰,卢振华等点校,北京:中华书局,1992。

《魏书》,(北齐)魏收撰,唐长孺等点校,北京:中华书局,1995。

《周书》,(唐)令狐德棻撰,唐长孺等点校,北京:中华书局,1992。

《隋书》,(唐)魏征等撰,汪绍楹等点校,北京:中华书局,1991。

《唐律疏议》,(唐)长孙无忌等撰,刘俊文点校,北京:中华书局,1993。

《通典》,(唐)杜佑撰,王文锦等点校,北京:中华书局,1988。

《元史》,(明)宋濂撰,翁独健等点校,北京:中华书局,1992。

《明史》,(清)张廷玉等撰,郑天挺等点校,北京:中华书局,1991。

(三) 子部

《韩非子集解》,(清)王先慎撰,钟哲点校,北京:中华书局,1998。

《吕氏春秋校释》,(秦)吕不韦等撰,陈奇猷校释,上海:学林出版社,1995。

《列女传》,(汉)刘向撰,收入周光培编,《汉魏笔记小说》,石家庄:河北教育出版社景印本,1994。

《列女传今注今译》,张敬著,台北:台湾商务印书馆,1996。

《白虎通疏证》,(清)陈立撰,吴则虞点校,北京:中华书局,1994。

《论衡校释》,黄晖校释,刘盼遂集解,北京:中华书局,1995。

《搜神记》,(晋)干宝著,汪绍楹校注,台北:里仁书局景印本,1999。

《录异传》,(晋、宋)撰人不详,收入鲁迅校录,《古小说钩沉》,济南:齐鲁书社,1997。

《幽明录》,(南朝宋)刘义庆著,收入鲁迅校录,《古小说钩沉》,济南:齐鲁书社,1997。

《世说新语笺疏(增订本)》,(南朝宋)刘义庆著,(梁)刘孝标注,余嘉锡笺疏,上海:上海古籍出版社,1993。

《颜氏家训集解(增补本)》,(北齐)颜之推著,王利器集解,北京:中华书局,1993。

《唐前志怪小说辑释》，李剑国辑，台北：文史哲出版社景印本，1987。

《续高僧传》，(唐)释道宣撰，收入《高僧传合集》，上海：上海古籍出版社，1991。

《法苑珠林》，(唐)释道世编，北京：中国书店景印本，1991。

《医心方》，(日)丹波康赖撰，台北：新文丰出版公司景印本，1982。

《太平广记》，(宋)李昉等编，汪绍楹点校，北京：中华书局，1995。

《朱子语类》，(宋)黎靖德辑，王星贤点校，台北：文津出版社景印本，1986。

(四) 集部

《全上古三代秦汉三国六朝文》，(清)严可均校辑，北京：中华书局，1995。

《先秦汉魏南北朝诗》，逯钦立辑校，北京：中华书局，1993。

二、近人著作

(一) 中文部分

田夫(邢义田)

1988 《从〈列女传〉看中国式母爱的流露》，《历史月刊》4。

史凤仪

1999 《中国古代的家族与身份》，北京：社会科学文献出版社。

甘怀真

1995 《魏晋时期官人间的丧服礼》，《中国历史学会史学集刊》27。

石磊

1986 《仪礼丧服篇所表现的亲属结构》,《民族学研究所集刊》53:2。

刘美智

1995 《魏晋父名、母名丧服研究》,台湾师范大学国文研究所硕士论文。

刘增贵

1980 《汉代婚姻制度》,台北:华世出版社。

1991 《魏晋南北朝时代的妾》,《新史学》2:4。

杜正胜

1982 《传统家族试论》,《大陆杂志》65:2-3。

1988 《古典的慈母鲁季敬姜》,《历史月刊》4。

1992 《古代社会与国家》,台北:允晨文化实业股份有限公司。

1997 《中国传统家族特质之现代反省——特从服纪与法律的考察》,《大陆杂志》95:4。

杜芳琴

1996 《七十年国内妇女史研究综述(1919—1989)》,《发现妇女的历史——中国妇女史论集》,天津:天津社会科学院出版社。

李必友

1999 《魏晋南北朝家族教育的特点》,《安徽师范大学学报》(人社版)27:2。

李亦园

1986 《中国家族与其仪式:若干观念的检讨》,《民族学研究所集刊》59。

李贞德

1987 《西汉律令中的家庭伦理观》,《中国历史学会史学集刊》19。

1994 《最近中国宗教史研究中的女性问题》,《近代中国妇女史研究》2。

1995 《汉隋之间的“生子不举”问题》,《史语所集刊》66:3。

1996 《汉唐之间医书中的生产之道》,《史语所集刊》67:3。

1996 《超越父系家族的藩篱——台湾地区“中国妇女史研究(1945—1995)”》,《新史学》7:2。

1997 《汉唐之间求子医方试探——兼论妇科滥觞与性别论述》,《史语所集刊》68:2。

1999 《汉魏六朝的乳母》,《史语所集刊》70:2。

1999 《汉唐之间的母亲》,“国科会”结案报告 NSC 88-2411-H-001-019。

陈东原

1997(第十一版)《中国妇女生活史》,台北:台湾商务印书馆。

陈弱水

1997 《试探唐代妇女与本家的关系》,《史语所集刊》68:1。

1999 《从〈唐晅〉看唐代士族生活与心态的几个方面》,《新史学》10:2。

余英时

1980 《名教危机与魏晋士风的演变》,《中国知识阶层史论》,台北:联经出版事业公司。

杨联陞著,林维红译

1992 《中国历史上的女主》,收入鲍家麟编,《中国妇女史论集》,台北:稻乡出版社。

林丽真

1991 《魏晋人对传统礼制与道德之反省——从服丧论、同姓婚论与忠孝论谈起》,《台大中文学报》4。

1993 《论魏晋的孝道观念及其与政治、哲学、宗教的关系》,《文史哲学报》40。

祝总斌

1982 《刘裕门第考》,《北京大学学报》(哲社版)1982-1。

唐长孺

1994 《读〈颜氏家训·后娶篇〉论南北嫡庶身分的差异》,《历史研究》1994-1。

钱穆

1977 《略论魏晋南北朝学术文化与当时门第之关系》,《中国学术思想史论丛》(三),台北:东大图书公司。

顾燕翎编

1996 《女性主义——理论与流派》,台北:女书文化事业有限公司。

顾燕翎、郑至慧主编

1999 《女性主义经典》,台北:女书文化事业有限公司。

萧公权

1982 《中国政治思想史》,台北:联经出版事业公司。

阎鸿中

1997 《周秦汉时代家族伦理之变迁》,台湾大学历史学研究所博士论文。

章景明

1986(再版) 《先秦丧服制度考》,台北:台湾中华书局。

葛建平

1990 《东晋南朝社会中的家庭伦常》,《中山大学学报》(哲社版)1990-3。

程树德

1965 《九朝律考》,台北:台湾商务印书馆。

熊秉真

1994 《明清家庭中的母子关系——性别、感情及其他》,收入李小江等主编,《性别与中国》,北京:生活·读书·新知三联书店。

1995 《幼幼——传统中国的襁褓之道》,台北:联经出版事业公司。

臧健

1995 《中国大陆近年中国妇女史研究之概况》,《近代中国妇女史研究》3。

瞿同祖

1984 《中国法律与中国社会》,台北:里仁书局。

(二) 日文部分

下川千惠子

1984 《〈世説新語〉に見られゐ女性観》,《香川中国学会報》12。

下见隆雄

1994 《儒教社会と母性——母性の威力の観点でみゐ漢魏晋中国女性史》,东京:研文出版社。

吉川忠夫

1975 《六朝時代におけゐ〈孝経〉の受容・再説》,《古代文化》27:7。

神矢法子

1978 《晋時代におけゐ王法と家礼》,《東洋学報》60:1。

越智重明

1979 《漢六朝の家産分割と二重家産》,《東洋学報》61:1.2。

(三) 英文部分

Alan Cole

1998 *Mothers and Sons in Chinese Buddhism*. Stanford: Stanford University Press.

Hsiung Ping-Chen

1993 "Constructed Emotions: The Bond Between Mothers and Sons in Late Imperial China", *Late Imperial China*. Vol. 15, No. 1.

Lee Jen-der

1993 "The Life of Women in the Six Dynasties",《妇女与两性学刊》4。

Connie Orliski

1995 "From the Sung to the PRC: An Introduction to Recent English-Language Scholarship on Women in Chinese History",《近代中国妇女史研究》3。

Adrienne Rich

1986 *Of Women Born*. New York: W. W. Norton & Company.

Paul Ropp 梁其姿译

1991 "Chinese Women in the Ming and Ch'ing: A Review of Recent English-Language Scholarship",《明清妇女研究:评介最近有关之英文著作》,《新史学》4:2。

Margery Wolf

1972 *Women and the Family in Rural Taiwan*. Stanford: Stanford University Press.

图书在版编目（CIP）数据

情感与制度 ：魏晋时代的母子关系 / 郑雅如著. --
南京 ：凤凰出版社，2021.9（2022.9重印）
（学衡心史文丛 / 孙江主编）
ISBN 978-7-5506-3419-0

Ⅰ. ①情… Ⅱ. ①郑… Ⅲ. ①亲子关系－研究－中国
－魏晋南北朝时代 Ⅳ. ①D691.91

中国版本图书馆CIP数据核字(2021)第171741号

书名	情感与制度:魏晋时代的母子关系
著者	郑雅如
责任编辑	李霏
装帧设计	徐慧
出版发行	凤凰出版社(原江苏古籍出版社) 发行部电话025-83223462
出版社地址	江苏省南京市中央路165号,邮编:210009
照排	凤凰零距离数字印前中心
印刷	徐州绪权印刷有限公司 江苏省徐州市高新技术产业开发区第三工业园经纬路16号
开本	880毫米×1230毫米 1/32
印张	6.875
字数	179千字
版次	2021年9月第1版
印次	2022年9月第2次印刷
标准书号	ISBN 978-7-5506-3419-0
定价	58.00元

(本书凡印装错误可向承印厂调换,电话:0516-83897699)